Für Vivian, Carlo und Sofia – wunderbare Leser,
Verwandte, Reisende und Reisegefährten

1

Ein bisschen verwöhnt werden

Ich bin nicht anspruchsvoll, wirklich nicht. Da kann man fragen, wen man will. Aber wer wie ich Pelz trägt und zwei volle Tage unter der glühenden Sommersonne nilaufwärts gereist ist, der darf ja wohl erwarten, ein bisschen verwöhnt zu werden. Vor allem, wenn er der Mächtige Ra ist, Pharaos Kater.

Zum Glück reise ich immer mit meinem eigenen Personal, das nur dafür da ist, mich zu verwöhnen. Wir erreichten den Palast von Theben im Morgengrauen, und sofort wurde ich in Pharaos privaten Garten gebracht, wo man mir ein Polster und einen Teller voll gewürzter Steinbockhäppchen anbot. Während ich speiste, packten meine Leute schon ihre Bürsten und Parfüms aus.

Ich kaute gerade an meinem dritten Happen Fleisch,

als auf einmal zwischen meinen Ohren eine winzige Stimme piepste: »Ra, bist du sicher, dass du dich einparfümieren lassen willst?«

»Aber natürlich!«, sagte ich. »Ich weiß, du warst noch nie hier, aber Theben ist eine vornehme Stadt mit hohen Ansprüchen. Eine sehr elegante Stadt, glaub mir. Hier trage ich immer Parfüm.«

»Dann mach ich mich mal davon.« Ich spürte eine Bewegung in meinem Fell, und gleich darauf hüpfte mein Freund Khepri auf die Steine neben meinem Polster. Für einen Skarabäuskäfer war er ganz schön flink. Vermutlich kam das von den vielen Dungkugeln, die er täglich rollte.

»Wie du meinst.« Ich schnappte mir den letzten Bissen Steinbock. »Aber wenn du mich fragst, ein klein wenig Parfüm könnte dir durchaus nicht schaden, Khepri. Jemand, der so viel Zeit wie du mit Dung verbringt –«

»Dung duftet wundervoll«, protestierte Khepri.

»Du erlaubst, dass ich das anders sehe.« Ich rollte mich auf die Seite, denn gerade näherten sich die Bediensteten mit ihren Bürsten. »Das wirst du nie erleben, dass ich wie ein Dunghaufen rieche. Niemals.«

Nicht zum ersten Mal war ich froh, dass die Bediensteten kein Wort von dem verstanden, was Khepri und ich so redeten. (So ist das bei den Menschen.)

»Du weißt nicht, was du verpasst, Ra«, sagte Khepri ernsthaft.

»Gar nichts verpasse ich«, sagte ich. »Jasmin, Lilien, Myrrhe – das nenne ich Düfte.«

»Blödsinn.« Khepri kroch ein Stück rückwärts, bis er in sicherer Entfernung von den Parfümflaschen war. »Ich denke, ich geh jetzt mal den Palast erkunden.«

»Mach das«, sagte ich. Ich senkte den Kopf, damit die Bediensteten mir das Fell zwischen den Ohren glätten konnten. (Das ist die Stelle, die Khepri immer zerzaust.) »Geh nur schon vor. Ich komme später nach.«

»Prima«, zirpte Khepri. »Vielleicht hab ich bis dahin schon einen neuen Fall für uns aufgetan.«

Ich hob den Kopf. »Oh nein, Khepri. Fang nicht wieder damit an.« Wir hatten zusammen exakt einen rätselhaften Kriminalfall gelöst, und für meinen Geschmack war das mehr als genug. Doch Khepri hatte andere Vorstellungen.

»Du musst einfach offener sein, Ra«, beharrte er. »Ich bringe dir ständig neue Fälle, und jeden lehnst du ab. Zum Beispiel den Fall der verschwundenen Brotlaibe –«

»Da war überhaupt keiner verschwunden«, sagte ich. »Der Bäckergehilfe hatte sich einfach verzählt. Der war noch nie gut im Rechnen.«

»– und dann der Fall des geheimnisvollen Fremden –«

»Ich hab dir doch gesagt: Das war der neue assyrische Botschafter.«

»– und schließlich der Fall des verschwindenden Dunghaufens –«

»Khepri, bei Dung ist für mich Schluss.« Ich drehte mich so, dass die Gehilfen mir das Bauchfell bürsten konnten. »Wir sind Große Detektive, und deswegen brauchen wir einen Großen Kriminalfall, nicht so ei-

nen kleinen mickrigen. Wenn ein Großer Fall sich zeigt, dann bin ich gerne bereit, aber nicht vorher.«

»Also, ich wäre schon mit einem kleinen rätselhaften Fall zufrieden«, sagte Khepri. »Sogar mit einem sehr kleinen.«

»Du hast völlig recht, Khepri«, sagte eine muntere Stimme hinter uns. »Sogar ein sehr kleiner Kriminalfall würde Ra guttun.«

Das war die Stimme von Miu, ihres Zeichens außergewöhnliche Küchenkatze und Mitglied bei den Großen Detektiven. Ich rollte mich zurück auf den Bauch und wappnete mich. Miu ist eine wunderbare Freundin, mutig und loyal, aber sie hat diese merkwürdige Vorstellung, dass meine Art zu leben nicht charakterbildend sei. (Im Ernst! Dabei weiß jeder, dass Pharaos

Kater von vornherein einen großartigen Charakter hat. Mehr braucht er gar nicht.)

Ich grüßte Miu mit einem Zucken meiner Schnurrhaare. »Ich dachte, du bleibst beim Schiff und durchsuchst es nach Ratten.«

»Schon erledigt«, berichtete Miu stolz. Mit einer Pfote strich sie sich über das eingerissene Ohr, um Spinnweben zu beseitigen. »Und was ist mit dir, Ra? Hast du dich auch schon um irgendwas gekümmert, seit wir angekommen sind?«

»Um meinen Imbiss«, sagte ich.

Mius Schnurrhaare zuckten. »Das zählt nicht.«

»Und ob das zählt.« Ich gähnte und streckte mich wieder aus. Gerade waren die Bediensteten an meinem Schwanz angelangt – da werde ich am liebsten gebürstet.

»Egal, wie oft ich das sehe, ich kann es immer noch nicht glauben«, sagte Miu. »Katzen sollen sich selbst putzen, Ra. Nämlich so.« Und gleich fing sie an, ihr Hinterteil abzulecken.

Ich schloss die Augen. »Ich bin ja bereit, selbst mal hier und da nachzuhelfen,

aber eine gründliche Reinigung? Mit *meiner Zunge* den Dreck wegzulecken? Du machst wohl Witze.«

»Wir sind Katzen«, sagte Miu. »Wir machen das nun mal so.«

»Aber nicht Pharaos Kater«, beharrte ich. »Dafür habe ich Menschen. Siehst du?« Die Bediensteten strichen mir noch einmal übers Fell, dann griffen sie nach ihren Parfümflaschen.

»Parfüm?« Miu machte eine entsetzte Miene. »Ra, das geht wirklich zu weit.«

»Wir sind nun mal in Theben, Miu. Du hast dich ja noch nicht umgesehen, aber genau so macht man es hier.« Während die Bediensteten mir das Parfüm in den Pelz rieben, schnupperte ich in der Luft und seufzte entzückt. »Mmmm ... Das mag ich am liebsten. Jasmin mit einer Note von Lotus.«

Miu zog die Nase kraus. »Jemand muss dich vor dir selbst retten, Ra.«

Ich winkte lässig ab. »Mir geht's gut. Ich muss nicht gerettet werden.«

Miu beachtete mich gar nicht. Sie ist eine Katze mit sehr starkem Willen. »Khepri, es wird Zeit, dass wir was tun. Wir müssen einen geheimnisvollen Kriminalfall für Ra finden, und zwar schnell.«

Khepri schnippte zustimmend mit den Vorderbeinen. »Sag ich doch!«

Meine Vorstellungen waren allerdings andere. Die Arbeit war erledigt, die Bediensteten verneigten sich und entfernten sich rückwärts. Ich erhob mich von meinem Polster, reckte und streckte mich noch einmal, dann schritt ich auf die Tür zu.

»Ra, wo willst du hin?«, fragte Miu.

Khepri beeilte sich, hinter mir herzukommen. »Genau, wohin?«

Am Eingang blieb ich stehen. »Das ist ein Geheimnis«, sagte ich. Und weg war ich.

2

Kater des Großen Pharao

Ob verwöhnt oder nicht – wenn ich will, kann ich ganz schön schnell sein. Bis Miu und Khepri mich eingeholt hatten, war ich bereits an meinem Ziel: dem seitlichen Innenhof.

Khepri hüpfte von Mius Rücken hinunter und kletterte auf meinen. »Was ist los, Ra?«

»Gleich werdet ihr es wissen«, sagte ich.

Mitten im Hof, im Kreise seiner Wächter, stand Pharao. Seine goldbestickte Tunika schimmerte in der Sonne. Vor Pharao stand der Wesir des südlichen Königreichs, der oberste Hofbeamte von Theben, und verneigte sich tief. Als Stellvertreter des Königs war er verantwortlich für die Führung des Palastes, das Eintreiben der Steuern und die Durchsetzung der Gesetze in seinem Gebiet.

Als er mich sah, unterbrach Pharao sein Gespräch mit dem Wesir. »Ra, du siehst großartig aus. Wesir, erinnert Ihr Euch an meinen Kater?«

»Selbstverständlich.« Der Wesir wandte sich mir zu und verneigte sich noch tiefer. »Mächtiger Ra, Herr der kraftvollen Pfote, Großer Kater des Pharao, welch große Freude, Euch wieder einmal im königlichen Palast zu Theben begrüßen zu dürfen.«

Die Verbeugung gefiel mir natürlich gut, aber ich ließ mich nicht täuschen. Der Wesir hatte nie zu meinen Verehrern gehört, erst recht nicht, seit ich ihm einmal die Perücke vom Kopf gezogen und vor dem ganzen Hofstaat zerkaut habe. (Sie sah aber auch aus wie eine Ratte, das kann ich schwören.) Damals war ich noch ein junges Kätzchen, und man sollte meinen, die Angelegenheit sei vergeben und vergessen. Aber weit gefehlt.

Als der Pharao einen Moment nicht hinschaute, verzog der Wesir böse den Mund. Ich tat es ihm nach und zeigte meine spitzen Zähne.

Pharao schaute lächelnd auf uns beide herab. »Wie schön, dass Ihr so erfreut seid, Ra wiederzusehen, Wesir. Vor allem, da Ihr heute den ganzen Tag miteinander verbringen werdet.«

Dem Wesir blieb kurz die Luft weg. »Den ga-ganzen Tag? Oh Herrscher aller Herrscher, dessen bin ich nicht würdig.«

»Möglich«, stimmte Pharao zu, »aber Ihr müsst Ra heute ins Tal der Könige bringen. Er soll dort den Künstlern Modell stehen, die an unserem Grab arbeiten. Sie werden ein Wandgemälde von ihm herstellen und auch eine Skulptur, beide in Lebensgröße.«

»Da habt ihr's«, sagte ich zu Miu und Khepri. »Jetzt versteht ihr, warum ich ordentlich gebürstet werden wollte.«

Miu sah mich verwirrt an. »Für dein *Grab* trägst du Parfüm?«

»Das gehört alles dazu«, sagte ich. »Das gibt dem Ganzen eine markante Note.«

Mit einer Pfote rieb Miu sich die Nase. »Allerdings.«

»Ich habe mir immer schon gewünscht, einmal das Tal der Könige zu sehen«, sagte Khepri sehnsüchtig. Mittlerweile saß er hoch oben auf meinem Kopf. »Das ist doch der Ort, wo die Pharaonen in ihren Pyramiden beigesetzt werden, stimmt's?«

»Du bist ganz schön hinter der Zeit zurück«, erklärte ich. »Heutzutage baut niemand mehr Pyramiden, Khepri. Viel zu altmodisch. Viel zu auffällig. Genauso gut könnte man ein riesiges Schild aufstellen, auf dem steht: ›Achtung, Räuber: Hier ist der Schatz.‹ Genau aus dem Grund haben die Pharaonen ja das Tal der Könige gewählt. Es liegt sehr geschützt, es ist bewacht, und es ist Mitgliedern der königlichen Familie vorbehalten. Sie bauen ihre Gräber in die Felsen, und wenn sie erst einmal verschlossen sind, dann kämen die meisten Menschen nicht darauf, wo die Eingänge sind.«

»Das heißt, da gibt es gar nichts zu sehen?« Khepri klang enttäuscht.

»Oh doch, es gibt jede Menge Felsen, wenn einem so etwas gefällt. Die sind ganz majestätisch, vor allem im richtigen Licht. Und vermutlich könntest du einen kurzen Blick ins Grab des Pharao werfen, das gerade im Bau ist.«

»Ooooh.« Khepri horchte auf. »Wirklich?«

»Ich wüsste nicht, warum das nicht möglich sein sollte. Und wenn du schon gerade da bist, dann kannst du auch gleich mein Grab anschauen. Ich weiß nicht mehr, was ich euch davon erzählt habe –«

»Pharao hat es selbst entworfen«, zirpte Khepri.

»Es wird einen schmalen Verbindungsgang zwischen deinem Grab und seiner Grabkammer geben«, warf Miu ein.

»Die Wände werden mit Carneolen und Lapislazuli geschmückt …«

»… mit Gemälden von deinem liebsten Wasserbecken …«

»… und einem vergoldeten Katzenbett …«

»… mit einem mit Edelsteinen besetzten Polster …«

»… und kleinen Tonfiguren als Dienstboten …«

»… die dir dein Fell bürsten …«

»… und einem Sarkophag in Katzenform«, sagte Khepri als Letztes.

»Rede ich wirklich so viel darüber?«, fragte ich.

»Oh nein«, sagte Khepri.

»Oh ja«, sagte Miu.

»Tja, wer will es mir verdenken?«, erwiderte ich fröhlich. »Es wird wirklich ganz ungewöhnlich schön. Hatte ich auch die Speisen erwähnt?« Allein schon bei dem Gedanken daran musste ich mir das Maul lecken: Holzkisten, die bis zum Rand gefüllt waren mit mumifizierten Wachteln, Steinbockhappen, Hammeln und Antilope. »Jedenfalls werde ich im Jenseits nicht hungern müssen, so viel steht fest.«

Was mich betrifft, ist das der ganze Sinn eines Grabes. Ein vergoldetes Katzenbett und ein mit Edelsteinen besetztes Polster sind zwar ganz nett, und mir gefallen auch die Dienstboten aus Ton, die mich in alle Ewigkeit bedienen werden, aber am wichtigsten ist mir doch das Essen, und das nicht nur, weil ich ein Feinschmecker bin. Die Priester sagen, für ein gutes Leben nach dem Tode braucht man zwei Dinge: eine anständig erhaltene Mumie und genügend Nahrung, um den Geist wachzuhalten. Ohne diese beiden kann man das Nachleben vergessen.

»Aber natürlich ist alles im Moment noch in Arbeit«, erinnerte ich Miu und Khepri. »Deswegen muss ich auch hin – um dort Modell zu stehen.«

Khepri sprang regelrecht zwischen meine Ohren. »Hurra, kann ich mitkommen?«

»Aber sicher«, sagte ich. »Du kannst mich unterhalten, während die Künstler arbeiten. Du auch, Miu.«

Sie kratzte sich mit einer Hinterpfote am Leib. »Ich verzichte.«

»Wie kannst du dazu Nein sagen, Miu?« Aufgeregt zirpend tanzte Khepri um mein Ohr herum. »Ein ganzer Tag im Tal der Könige – unglaublich! Wir können die Gegend erkunden, Ra. Vielleicht stoßen wir ja sogar auf einen rätselhaften Großen Kriminalfall. Etwas Gruseliges, vielleicht – oder sogar vergrabene Schätze.«

»Tut mir leid, Khepri, ich werde zu sehr damit beschäftigt sein, Modell zu stehen.« Er sah mich so enttäuscht an, dass ich hinzufügte: »Aber du kannst dich ja schon mal allein umsehen, wenn du möchtest.«

Khepri schaute auf seine mageren Vorderbeine hinunter. »Sehr weit werde ich auf eigenen Füßen nicht kommen.«

Dem konnte ich nicht widersprechen. Skarabäen sind klein, und das Tal der Könige ist riesig groß.

Miu seufzte. »Keine Sorge, Khepri, wenn du das Tal erkunden willst, dann nehme ich dich mit.«

Khepri schaute auf. »Aber du hast doch gesagt, du kommst nicht mit.«

Miu sah ihn liebevoll an. »Ich habe meine Meinung geändert.«

Einige Fuß entfernt beendete Pharao gerade das Gesprăch mit dem Wesir. »Ein letzter Punkt noch, Wesir: Uns sind Gerüchte zu Ohren gekommen, dass es Unzufriedenheit unter den Grabarbeitern gibt.« Der Wesir stand noch immer mit gesenktem Kopf da. »Herrscher aller Herrscher, macht Euch auch nicht einen Moment lang Gedanken deswegen. Die Grabarbeiter sind entzückt, Euch zu dienen, so wie wir alle. Wir sind es nicht wert, auch nur Eure Füße anzuschauen.«

»Wesir, findet heraus, welche Probleme es gibt, und berichtet uns davon, noch bevor dieser Tag zu Ende geht.«

Pharao sprach mit seiner entschiedensten Stimme. Diese Stimme kannte ich noch zu gut aus meinen Kindertagen, als ich Spaß daran hatte, die Möbel anzunagen.

Der Wesir war nicht dumm. »Oh Herrscher aller Herrscher, noch diese Minute werde ich mich auf den Weg machen.«

»Das sollt Ihr.« Auf einen Wink des Pharao hin setzten sich am Rand des Innenhofs sogleich sechs Männer in Bewegung und brachten eine elegante Sänfte heran (eine Menschentrage, wie ich das Ding manchmal nenne). Nach einer ganzen Reihe angedeuteter Verbeugungen entfernte sich der Wesir rückwärts vom

Pharao, bis er schließlich unter den feinen Leinenbaldachin kletterte.

»Los, Ra, spring«, sagte Pharao.

»Halt dich gut fest«, flüsterte ich Khepri zu. Ich sprang auf die Trage und landete beinahe auf dem

Schoß des Wesirs – ich hatte meinen Sprung völlig falsch berechnet. Eine Hand des Wesirs, die durch den Baldachin vor Pharaos Blicken verborgen war, landete schwer in meinem Nacken und versuchte, mich von der Trage hinunterzuschubsen.

Mit einem Satz sprang Khepri aus meinem Fell und rannte über die Hand des Wesirs. Der schrie auf und ließ mich los. »Gut gemacht«, murmelte ich, als Khepri zurück auf meinen Kopf sprang.

»Ein Käfer!« Angewidert verzog der Wesir die Lippen. »Krabbelt durch das Fell der Katze …«

Also wirklich, wie Menschen sich über Käfer aufregen können!

»Das ist ein Skarabäus«, erklärte Pharao. »Dieses heilige Tier ist in letzter Zeit oft bei Ra zu sehen. Ein bedeutendes Zeichen göttlicher Gunst.«

»Hast du das gehört, Ra?«, rief eine dünne Stimme zwischen meinen Ohren. »Ich bin ein bedeutendes Zeichen göttlicher Gunst.«

»Sag bloß!« Ich probierte ein Stückchen von dem gerösteten Hammelfleisch, das Pharaos Diener freundlicherweise bereitgestellt hatten. »Und ich dachte, du bist einfach mein Freund.«

»Das hat mir gerade noch gefehlt«, murmelte der Wesir. »Eine verwöhnte Katze mit einem Mistkäfer auf dem Kopf.«

Er hielt den Kopf tief gebeugt und dachte wohl, niemand könne ihn hören. Doch Pharaos Miene verdunkelte sich. »Was habt Ihr gesagt, Wesir?«

Erschrocken schaute der Wesir auf und sah Pharao mit einem matten Lächeln an. »Oh Herrscher aller Herrscher, ich sagte … äh … Das ist genau das, was mir zu meinem Glück heute noch fehlte: eine königliche Katze mit einem heiligen Käfer auf dem Kopf.« Er tätschelte mir das Fell, achtete aber darauf, nicht die Stelle zu berühren, an der Khepri sich niedergelassen hatte. »Welch besseres Omen könnte es für diesen Tag geben?«

»Allerdings.« Pharao sah mich liebevoll an. »Ra ist der ideale Reisegefährte. Möge Amon-Ra Euch beide auf Eurer Reise beschützen.«

Mit einem letzten Winken wandte er sich ab. Die sechs Träger hoben die Sänfte in Schulterhöhe.

»Wo ist Miu?«, flüsterte Khepri aufgeregt.

Ein zerzaustes Fellknäuel sprang mit einem Satz auf die Sänfte. »Tut mir leid«, sagte Miu. »Ich musste schnell noch eine Ratte erledigen.«

Angeekelt schaute der Wesir sie an. »Ich nehme an, auch du stehst unter königlichem Schutz.« Nach einem Blick auf Pharaos sich entfernenden Rücken schob er uns alle von sich weg. »Wenn ich auch nur ein einziges Katzenhaar auf meinen Gewändern entdecke, dann werdet ihr dafür büßen. Das Wort *Dung* will ich nicht einmal erwähnen.«

Genau das hast du doch gerade getan, dachte ich, und ich wusste, Khepri dachte dasselbe, denn ich hörte ihn kichern.

Ich streckte mich bequem vorne auf der Trage aus und machte mich daran, die Kissen des Wesirs mit meinen Krallen zu zerfetzen. Miu ließ sich neben mir nieder.

Der Wesir schnaubte verächtlich und schaute weg. Die Träger setzten sich in Bewegung, und die Sänfte schwankte. Begeistert schlug Khepri die Vorderbeine aneinander. »Auf ins Tal der Könige!«

3

Der Ort der Wahrheit

Die Sonne brannte heiß vom Himmel, doch in der Sänfte war es bequem. Als wir den Nil überquerten und in die Wüste hineinkamen, aß ich den letzten Rest von meinem Imbiss auf und schlief ein. Ich träumte von geschmorter Antilope und gerösteten Wachteln.

»Wach auf, Ra!«, brüllte Khepri mir direkt ins Ohr.

Ich hielt die Augen fest geschlossen und versuchte den Skarabäus mit einer Pfote beiseitezuschieben. »Khepri, bitte!« *Nur noch einen Bissen Antilope …*

»Ra, wir sind da«, sagte Miu. »Wenigstens glaube ich das.«

Ich öffnete die Augen – und wünschte, ich hätte es nicht getan. Vor uns, von einer Mauer umgeben, lag ein Dorf aus Lehmhäusern, das so trocken und staubig aussah wie die Felsen dahinter. Nichts erinnerte hier

mehr an die Eleganz von Theben. Doch ich erkannte den Ort wieder. Vor einigen Jahren war ich schon einmal hier gewesen, damals, als Pharao unsere Grabstätte ausgesucht hatte.

»Das ist Set Ma'at«, erklärte ich Khepri und Miu. »Der Ort der Wahrheit.«

Khepri sah verwirrt aus. »Ich dachte, wir wollten ins Tal der Könige.«

»Das Tal der Könige beginnt hier.« Mit dem Kopf wies ich auf die hohen Felsen ein Stück nördlich von uns. »Aber Set Ma'at ist das Dorf, in dem die Arbeiter leben.« Ich wandte mich zu der Menge um, die sich vor den Mauern ansammelte. »Seht! Sie erwarten mich.«

Mit Khepri im Nacken und Miu auf den Fersen verließ ich die Sänfte, um mein Volk zu grüßen.

Ein kräftiger Mann mit tintenfleckigen Fingern trat vor und verneigte sich. Mit der einen Hand hielt er einen Stab umfasst, in der anderen hatte er eine Schreibtafel. »Willkommen in Set Ma'at, Herr der kraftvollen Pfote. Es war uns eine Ehre, von Pharao zu hören, dass Ihr uns Euren Besuch abstattet.«

»He, ich erinnere mich an ihn«, flüsterte ich Khepri und Miu zu. »Das ist der Grabschreiber.«

Habt ihr je einen Grabschreiber kennengelernt? Vermutlich nicht, es sei denn, ihr habt selbst ein eigenes Grab. Ich erkläre euch kurz seine Aufgabe: Wenn Pharao und der Wesir den Arbeitern an den Grabstätten Befehle zusenden, dann ist der Grabschreiber derjenige, der sie liest und beantwortet. Er berichtet dem Pharao und dem Wesir, dass ihre Befehle angekommen sind, und benachrichtigt sie im Falle von Problemen. Zu seinen Aufgaben gehört es auch, alles schriftlich festzuhalten, was an der Baustelle passiert: jeder Meißel, der ausgeliehen wird, jeder Arbeiter, der bei der Arbeit fehlt, jede Zahlung, die geleistet wurde.

Pharao hat auch Wächter im Tal der Könige stehen. Sie unterstehen dem Befehlshaber der Wache, und ihre Aufgabe ist es, die Gräber zu bewachen, und zwar nicht nur die fertigen und versiegelten, sondern auch die, die gerade gebaut werden. Die Arbeiter selbst werden vom Schreiber überwacht. Es gibt wirklich viele hier. Um ein Grab zu bauen, braucht man Maurer, Zimmerleute Steinmetze, Gipser, Bildhauer, Goldschmiede, Maler und noch andere Handwerker – und alle unterstehen dem Schreiber.

Kurz gesagt, der Schreiber der Grabstätten ist ein

Mann mit großer Macht, und dieser spezielle Schreiber vor uns war derjenige, der in Set Ma'at das Sagen hatte.

Mit immer noch dröhnender Stimme beugte der Schreiber sich hinunter zu Miu und dem Wesir. »Ein herzliches Willkommen auch der ehrenwerten Begleitung des Herrn der kraftvollen Pfote.«

Anstelle einer Antwort nahm der Wesir die Menge in den Blick. »Was steht ihr alle so faul herum? Warum arbeitet ihr nicht?«

»Genau das wollte ich auch gerade sagen, Herr«, säuselte der Schreiber. »Gestern hatten wir unser jährliches Fest, bei dem wir den ursprünglichen Gründer von Set Ma'at feiern, aber heute müssen alle wieder normal arbeiten –«

»Schon wieder ein Feiertag?«, knurrte der Wesir. »Dafür werdet ihr nicht vom Pharao bezahlt.«

In der Menge entstand ein Geraune, dann trat ein schlanker Mann mit einem Pinsel in der Hand vor. »Hochmächtiger Wesir, wo Ihr gerade von der Bezahlung sprecht, wäre jetzt vielleicht der richtige Zeitpunkt, Euch daran zu erinnern, dass unser Lohn in Form von Getreide und Bier letzten Monat verspätet war, ebenso wie in den beiden Monaten davor.«

Aus der Menge war zustimmendes Gemurmel zu hören, doch der Schreiber nahm seinen Stab und stieß den Mann zurück. »Es reicht, Pentu.«

Doch Pentu ließ sich nicht aufhalten. »Außerdem ist uns der Lohn gekürzt worden, obwohl wir sogar mehr arbeiten müssen –«

»Wer hat dir erlaubt zu sprechen?« Der Wesir spuckte seine Worte fast aus, so zornig war er. »Wenn ich noch einmal höre, dass du dich über euren Lohn beschwerst, wirst du entlassen.« Er wandte sich der Menge zu. »Und das gilt für euch alle.«

Die Menge wurde still. Pentu zog die Schultern zusammen, und sein Pinsel fiel zu Boden. Ein magerer Junge hinter ihm hob ihn auf und reichte ihn wortlos dem Mann.

»Ihr habt den ehrenwerten Wesir gehört, ihr alle«, donnerte der Schreiber. »Und jetzt zurück an die Arbeit!« Er wies auf einen auffallend kräftigen jungen Mann in der Nähe von Pentu. »Alle bis auf dich, Huya.«

Offensichtlich erfreut, als Einziger ausgewählt zu werden, trat Huya grinsend vor und ließ seine Muskeln spielen. »Soll ich dafür sorgen, dass der Unruhestifter Pentu in Zukunft den Mund hält, Schreiber? Ihr müsst es nur sagen –«

»Nicht jetzt, Huya.« Der Schreiber schob den jungen Mann zum Wesir hinüber. »Herr, das ist der Zimmermann Huya, den ich in meinem letzten Brief erwähnt habe. Er hat mich bei verschiedenen Arbeiten unterstützt.«

»So, so!« Der Wesir betrachtete Huya mit einem durchdringenden Blick. »Wie ich höre, bist du recht brauchbar. Und verschwiegen.«

Huyas Grinsen wurde noch breiter, und er verneigte sich tief. »Ich kann schweigen wie ein Grab, Wesir.«

»Huya hat im Dorf ein Podest für Euch aufgebaut«, erklärte der Schreiber dem Wesir. »Ich habe ihm gesagt, er soll es nahe der kühlen Wand aufbauen,

wo das Licht gut ist. Ihr müsst nur Pharaos Kater dorthin begleiten, und gleich werden unsere besten Künstler mit der Arbeit beginnen.«

Der Wesir beachtete mich gar nicht. Mit einem Fingerschnipsen rief er einen Jungen herbei, der in der Nähe stand. Es war der magere, der zuvor Pentus Pinsel aufgehoben hatte. »Du da! Trag die Katze an ihren Platz.«

»Aber –«

»Keine Widerrede«, blaffte der Wesir ihn an.

Mit angespannten Schultern bückte der Junge sich zu mir herunter. Er war ungefähr so alt wie Pharaos ältester Sohn – vielleicht elf Jahre oder so, mit langen schmalen Fingern, einem langen Hals und wachen, hungrigen Augen.

»Er sieht wie Pentu aus, findest du nicht?«, flüsterte Khepri.

»Hm, ja«, stimmte ich zu. Falls die beiden wirklich verwandt waren, wunderte es mich nicht, dass der Junge Angst vor dem Wesir hatte.

Doch kaum war der oberste Hofbeamte gegangen, lächelte der Junge mich an und streckte die Arme aus. »Oh, Pharaos Kater, wenn Ihr mir die Ehre erweisen wollt –«

Normalerweise mag ich es gar nicht, von Fremden herumgetragen zu werden. Aber ich wollte nicht, dass der Junge Ärger bekam, und so ließ ich mich von ihm hochheben.

Zu meiner Erleichterung wusste er jedoch genau, was er zu tun hatte. Ehrlich, der Junge hätte eine Stelle als offizieller Katzenträger antreten können.

»Meine Mutter mochte Katzen gerne«, flüsterte er mir zu. »Ich weiß nicht mehr viel von ihr, aber daran erinnere ich mich. Deswegen mag ich Katzen auch.«

Augenblicke später betraten wir das Dorf durch ein Tor in der Mauer. Innerhalb der hohen Außenmauern war Set Ma'at genauso voll und geschäftig wie bei meinem früheren Besuch. *Ein* staubiges Haus dicht am anderen. Wasserträger und Arbeiter drängten sich in den engen, lärmenden Gassen, es roch nach Holzfeuer und Küchenabfällen.

»Aha!« Der Schreiber holte uns ein. »Wie ich sehe, Kenamon, hast du bereits Bekanntschaft mit Pharaos Kater gemacht. Sehr gut!« Er wies uns den Weg zu einem Podium in der Nähe des Eingangs. »Bring ihn nun zu dem Podest dort in der Sonne, das Huya gebaut hat. Und dann hol deine Tafel und deine Farben. Ich will heute noch eine sehr gute Arbeit von dir sehen.« Als Kenamon mich auf dem Podest ablegte, sah ich ihn überrascht an. Dieser Junge sollte mein Porträt malen?

4 Ärger

Ich war vielleicht überrascht, doch der Wesir war es noch viel mehr. Er setzte sich neben mein Podest und sagte: »Dieses Kind ist doch viel zu jung für die Aufgabe, Schreiber. Wie alt ist der Junge? Zehn?«

»Fast zwölf, Herr«, sagte der Schreiber. »Und er ist der beste Maler, der mir je begegnet ist. Er hat letztes Jahr angefangen, in den Gräbern zu arbeiten, und letzten Monat habe ich ihn angestellt, damit er Menwi malt, mein liebes Haustier.« Der Schreiber legte Stab und Schreibpalette beiseite, nahm Platz und reichte dem Wesir Wein und Leckereien. Der Wein interessierte mich nicht, doch ein Duft von würzigem Gänsefleisch zog herüber, und gleich lief mir das Wasser im Mund zusammen. Könnte vielleicht irgendjemand mal auf die Idee kommen, mir etwas davon anzubieten?

Der Wesir schon einmal nicht. Er warf sich einen Happen in den Mund, ließ dabei aber nicht den jungen Künstler aus den Augen, der gerade aus einer Schachtel am Boden sein Material auspackte. »Der sieht doch aus wie dieser Unruhestifter. Der eine, der eben in der Menge war.«

»Es sind Vater und Sohn«, gab der Schreiber zu, »doch der Junge hat noch nie Probleme gemacht.« Von da an senkte er die Stimme, aber für mich war das kein Problem. Katzen hören einfach alles. »Der Vater hatte große Ausgaben, als seine Frau krank war, seitdem ist die Familie in Nöten. Aber uns kommt das zugute, Herr. Um zusätzliche Einnahmen zu bekommen, wird der Junge in seiner Freizeit so gut wie jeden Auftrag übernehmen. Ihr könntet ihn ebenfalls anstellen, um Euer eigenes Grab auszustatten, Herr, und das zu sehr günstigen Bedingungen.«

»Interessant, Schreiber, interessant. Schauen wir mal, was der Junge zuwege bringt.« Ohne den Blick von Kenamon zu wenden, nahm sich der Wesir einen weiteren Happen vom Tablett.

Als der Schreiber sich ebenfalls ein Stück genehmigte, miaute ich leise, doch niemand beachtete mich.

»Ich nehme an, dass der Junge zunächst nur ein paar

Skizzen anfertigt«, erklärte der Schreiber. »Das eigentliche Gemälde entsteht dann später. Aber so viel kann ich Euch versprechen: Es wird großartig.«

Huya hatte sich leise mit einem der anderen Zimmerleute unterhalten. Nun trat er vor den Schreiber und verbeugte sich. Wieder hatte er dieses Grinsen im Gesicht; er sah aus wie jemand, der jeden Augenblick mit einem Geheimnis herausplatzen könnte. »Wenn Ihr erlaubt, Herr, dürfte ich einige Worte mit Euch sprechen? Und auch mit Euch, werter Wesir?«

Ich bekam nicht mit, was er zu sagen hatte, weil ein anderer, ebenso kräftig gebauter Mann, die Finger voller Lehm, herankam und sich vor mir verneigte. Er war älter als Huya, und ich war erleichtert, keine Spur von einem Grinsen in seinem Gesicht zu sehen. Die tief liegenden Augen schauten ernst drein, aber ich sah auch Freundlichkeit in ihnen.

Er legte einen ledrig aussehenden Streifen getrocknetes Schweinefleisch vor mich hin. »Oh Großer Kater des Pharao, Herr der kraftvollen Pfote, ich bin Bek, der Bildhauer. Es ist mir eine Ehre, mit der Aufgabe betraut zu sein, Eure Statue zu formen. Bitte nehmt meine bescheidene Gabe an.«

Wenn ich ehrlich bin, so gehört getrocknetes Schweinefleisch nicht gerade zu meinen Lieblingsspeisen. Doch der Wesir hatte sich gerade den letzten Happen der gewürzten Gans einverleibt, und so gestand ich Bek zu, dass er es immerhin versucht hatte.

»*Das* willst du essen?«, fragte Khepri überrascht, als ich hineinbiss.

»Reine Höflichkeit«, erwiderte ich.

Doch das Schweinefleisch schmeckte gar nicht so schrecklich, wie ich befürchtet hatte. Vielleicht war es durch die Wüstenluft besser geworden. Oder vielleicht war ich auch einfach nur hungrig.

Als ich mir die Lippen leckte, lächelte Bek mich an. »Und jetzt, Großer Kater des Pharao, muss ich mich an die Arbeit machen. Wenn Ihr Euch vielleicht aufrecht hinsetzen könntet?« Er streckte beide Hände aus, um mir aufzuhelfen, aber ich war schneller, setzte mich auf mein Hinterteil und reckte den Kopf hoch.

Bek strahlte mich an. »Genau, so ist es perfekt.«

Er ging zu einem Tisch, den man extra für ihn aufgestellt hatte, und begann damit, einen Klumpen Lehm zu bearbeiten, der exakt die Größe meines Kopfes hatte. Ich schaute von ihm zu Kenamon und wieder zurück. Beide wandten keinen Blick von mir. Wie wunderbar!

»Bleibt bitte in dieser Pose«, sagte Bek leise, und ich saß ganz still.

»Beks Arbeit wird großartig werden«, sagte der Schreiber zum Wesir. »Er ist der beste Bildhauer in ganz Set Ma'at, so wie sein Vater vor ihm und dessen Vater und so weiter, seit vielen Generationen. Seit Jahrhunderten erwählt jeder Pharao eine Familie für die Bildhauerarbeiten an seinem Grab.«

Ich versuchte, so gelassen wie möglich auszusehen, und hoffte, dass Bek bemerkte, wie sehr ich meiner berühmten Urahnin, der Katzengöttin Bastet, glich.

»He, schau mal, was Kenamon gerade macht!« Khepri richtete sich an meinem Ohr auf, um besser sehen zu können. »Das sieht ja ganz nach dir aus, Ra.«

Was für eine Qual! Wie gern hätte ich die Skizze gesehen, an der der Junge arbeitete, aber damit mein Porträt und die Statue gut wurden, musste ich reglos dasitzen.

Frustriert wie ich war, ließ ich ein kleines Miauen hören. Fast als hätte er es verstanden, hielt der Junge seine Tafel schräg, damit ich etwas sehen konnte.

»Schau doch«, flüsterte Khepri fröhlich. »Ich bin mit im Bild.«

Tatsächlich, es war ein Porträt von uns beiden – und was für eines! Nicht nur hatte der Junge mein angeborenes majestätisches Wesen eingefangen, auch Khepri sah bei ihm tatsächlich aus wie ein Kennzeichen göttlicher Gunst. Ganz großartig, wenn ihr mich fragt.

Als Kenamon sich wieder an die Arbeit machte, schlenderte ein Mann mit einem fassförmigen Bauch an Huya, dem Zimmermann, vorüber. Der sah Huya ärgerlich an. Er drehte seine Finger hin und her, die über und über mit Ringen geschmückt waren, und verneigte sich elegant vor dem Wesir. »Neferhotep, der Goldschmied, Herr. Ich soll eine Kopie des Halsbands von Pharaos Kater anfertigen.«

»Eine Kopie?« Der Wesir runzelte die Stirn. »Wozu?«

Neferhotep wackelte wieder mit den Fingern. »Damit diese Statue standesgemäß geschmückt werden kann, Herr. Dürfte ich das Halsband jetzt entfernen?«

Ich jaulte auf. Mein Band aus Gold und Perlen war ein persönliches Geschenk des Pharao. Ich besaß es, seit ich ein junges Kätzchen war.

»Wenn das für deine Arbeit notwendig ist, dann

tu's«, ordnete der Wesir an. »Und zwar jetzt gleich. Wir haben nicht den ganzen Tag Zeit.«

Ich spürte die rastlosen Finger Neferhoteps in meinem Fell, und schon fiel mein Halsband zur Seite. Sofort fühlte ich mich nicht mehr wie ich selbst. Allerdings schien das niemandem aufzufallen. Schon gar nicht Miu, die unter meinem Podest hervorkam.

»Sollten wir zwei nicht vielleicht schon mal losziehen, um die Gegend zu erkunden?«, sagte sie zu Khepri. »Ra ist ja hier beschäftigt.«

»Klar.« Sofort hüpfte Khepri zu ihr hinunter. »Auf ins Tal der Könige!«

»Moment mal«, sagte ich und versuchte, das Maul dabei so wenig wie möglich zu bewegen. »Ihr wolltet mir Gesellschaft leisten, erinnert ihr euch?«

»Wenn wir zurückkommen, erzählen wir dir all unsere Abenteuer«, sagte Khepri fröhlich.

Im nächsten Moment waren sie auch schon verschwunden, und ich war verstimmt. Wie konnten meine Freunde mich so alleinlassen?

Doch während ich dasaß und mich bemitleidete, war ich gar nicht so allein, wie ich dachte.

* * *

»Huiuiui! Was rieche ich da? Ist das etwa Parfüm?« Ein riesiger getigerter Kater stolzierte heran. Er strich Bek um die Beine, der lächelnd zu ihm herabsah, dann näherte er sich meinem Podest. »Na, so was! Wenn das nicht Herr Schönpfote höchstselbst ist, hier bei uns in Set Ma'at.«

Herr Schönpfote? Meinte der etwa mich?

Ich konnte nicht viel tun, um ihn zurechtzuweisen, da ich ja meine Pose nicht verändern durfte, aber um ihm zu zeigen, wer hier der Herr war, stellte ich mein Fell auf. »Mein korrekter Titel ist Pharaos Kater, Herr der kraftvollen Pfote.«

»Was du nicht sagst!« Die Stimme des Katers war etwas rau, aber er hatte ein selbstbewusstes Auftreten, und seine grünen Augen lachten, während er mich ansah. »Wir Wüstenkatzen legen nicht viel Wert auf Titel.«

»Und wer bist du?«, fragte ich.

»Ich bin Sabu, der Anführer der Katzen hier in der Gegend, Schönpfote.«

»Mein Name ist Pharaos Kater«, korrigierte ich ihn zwischen zusammengebissenen Zähnen hindurch.

Bevor ich noch mehr sagen konnte, kam Miu angerannt. Khepri klammerte sich an ihrem Nackenfell fest. »Ra, ich habe gerade mit ein paar der hiesigen Katzen gesprochen, dabei habe ich die wunderbarsten Neuigkeiten erfahren.« In diesem Moment entdeckte sie Sabu und unterbrach sich. »Du liebe Güte, er ist es wirklich. Sabu, was machst du denn hier?«

»Miu?« Sabu klang höchst erfreut. »So lange haben wir uns nicht gesehen.«

Enttäuscht schaute ich zu, wie die beiden sich zur Begrüßung mit den Schnurrhaaren berührten. »Miu, kennst du diesen Kater?«

»Natürlich, Ra.« Sie sah Sabu liebevoll an. »Er ist mein Cousin.«

»Siebter Cousin mütterlicherseits, zweimal um die Ecke«, bestätigte Sabu. (Für Katzen sind solche genauen Angaben sehr wichtig.)

»Aber wir haben einander nicht mehr gesehen, seit ich ein ganz junges Kätzchen war«, fügte Miu hinzu und berührte Sabu wieder mit ihren Schnurrhaaren. »Das Letzte, was ich über dich gehört habe, Sabu, war, dass du in die Welt hinauswolltest, um Abenteuer zu erleben.«

»Und du bist in den Palast gezogen«, sagte Sabu. »Ich habe mich immer gefragt, wie es dir da wohl ergangen ist.«

»Sehr gut ist es mir ergangen«, antwortete Miu. »Wie du siehst, habe ich Freunde gefunden. Und du hast dich hier niedergelassen?«

»Ich lebe bei Bek, dem besten Handwerker im Dorf.« Sabu neigte den Kopf und schaute zum Bildhauer hinüber.

Ich konntc nicht anders, als ihn ein bisschen zu provozieren. »Kenamon ist aber auch ganz gut, nach allem, was ich bisher gesehen habe.«

»Kenamon?«, fragte Sabu wegwerfend. »Er ist gut, ja,

aber er ist noch ein Kind und albert gerne herum. Bek hingegen ist ein Meister seiner Kunst.« Wieder sah er voll Zuneigung zu dem Bildhauer hinüber. »Ich weiß, wovon ich rede. Ich lebe jetzt schon seit Jahren bei ihm.«

»Ich würde so gern noch viel mehr hören«, sagte Miu. »Hättest du vielleicht Zeit, uns die Gegend zu zeigen? Khepri und ich wollten gerne das Tal der Könige ansehen, aber wir waren uns nicht sicher, welchen Weg wir nehmen sollten.«

Doch bevor Sabu noch antworten konnte, entstand plötzlich Unruhe außerhalb des Stadttors. Es hörte sich so an, als würde sich eine Menschenmenge versammeln.

»Was geht da vor sich?«, wollte der Wesir wissen. »Hoffentlich nicht wieder eine Feier, Schreiber.«

»Oh nein, Herr.« Der Schreiber wandte sich an den Zimmermann, der noch immer neben ihm stand. »Huya, sorg dafür, dass das aufhört. Sag den Leuten, der Wesir sei nicht erfreut.«

Huya war schon losgegangen, als die Menge plötzlich durch das Tor drängte. An ihrer Spitze ging ein junger Wachmann in einem staubigen Lendenschurz, einen scharfen Speer in der Hand.

»Werte Herren!« Der Wachmann stolperte auf den Schreiber und den Wesir zu. »Ein Grab ist geplündert worden!«

5

Beschützer der Toten

»Grabräuber!« Ich sprang von meinem Podest. Sofort hatten sich mir die Schwanzhaare aufgestellt. »Die überlasst nur mir!«

Grabräuber, das sind für mich wirklich Leute von der schlimmsten Sorte. Gewöhnliche Räuber sind ja schon schlimm genug, aber Grabräuber – die bringen dein ganzes Leben nach dem Tod durcheinander. Das ist ein Schaden für die Ewigkeit. So etwas ist doch mehr als abscheulich.

Den Schwanz noch immer hoch aufgerichtet, schritt ich auf das Tor zu. »Ich werde sie finden, wo auch immer sie sind. Ich werde ihnen beibringen, was es heißt, sich mit dem Mächtigen Ra anzulegen …«

»Still, Ra!«, unterbrach mich Miu. »Hör erst mal zu, was der Wächter sonst noch berichtet.«

»Es stimmt, werte Herren!«, bekräftigte der Mann, und sein Speer erzitterte. »Der Gott Anubis wurde gestern im Tal gesehen. Er hat einige von uns Wächtern angegriffen und ist dann in ein Grab eingedrungen.«

Der Schreiber und der Wesir erbleichten, und auch Kenamon wurde ganz blass. Aus Huyas

Gesicht verschwand das Grinsen, und die Hände des Goldschmieds zitterten. Der Bildhauer Bek hob sogar seinen Kater Sabu hoch und nahm ihn auf den Arm, als müsse er ihn schützen.

Das war die Wirkung, die der Gott Anubis immer auf Menschen hatte. Er ist der schakalköpfige Führer der Verstorbenen im Jenseits, der Beschützer der Toten, aber auch derjenige, der ihre Seelen wiegt. Von allen Göttern Ägyptens ist er der unheimlichste.

Doch noch nie zuvor hatte ich gehört, dass er ein Grab ausgeraubt hätte.

»Ist es denn nicht Anubis' Aufgabe, die Gräber zu schützen?«, flüsterte ich Miu und Khepri zu.

»Allerdings«, stimmte Miu mir zu. »Wenn du mich fragst, ist die ganze Geschichte verdächtig. Warum sollte Anubis ein Grab ausrauben? So etwas tun doch nur Menschen. Ich wüsste zu gern, was da wirklich passiert ist.«

»Das ist wirklich ein Großer Kriminalfall!«, sagte Khepri begeistert. »Selbst du kannst das dieses Mal nicht leugnen, Ra.«

Khepri hatte recht, das konnte ich nicht. Obwohl ein Teil von mir sich wünschte, ich könnte es. Es war durchaus möglich, dass Anubis tatsächlich in dieser Sache mit drinsteckte, und wenn es einen Gott gibt, mit dem man sich wirklich nicht anlegen möchte, dann ist er es.

»Äh … Vielleicht sollten wir die Sache dem Wesir überlassen«, sagte ich.

»Dem Wesir?« Khepri rutschte von Mius Fell hinunter und landete direkt vor meinen Füßen. »Ra, ein Königsgrab ist ausgeraubt worden. Und du bist Pharaos Kater. Du hast eine Verantwortung.«

Inzwischen hatten sich die Haare an meinem Schwanz wieder gelegt, aber ich musste zugeben, dass Khepri recht hatte. Ein Raub aus einem Königsgrab, das war genau die Art von Fall, um die sich Pharaos Kater selbst kümmern musste. »Schon gut, schon gut«, gab ich nach. »Wir werden Nachforschungen anstellen. Jedenfalls fürs Erste.«

»Hurra!« Khepri kletterte eilig auf meinen Kopf. »Schnell! Der Wächter führt gerade den Wesir und den Schreiber zum Tatort. Huya geht auch mit. Kommt, hinterher!«

* * *

Am Ende gelang es uns, in der Sänfte des Wesirs mitzureisen. Was dem jedoch gar nicht passte.

»Aus dem Weg mit euch, ihr Biester«, knurrte er.

Ich beachtete ihn gar nicht, sondern grub meine Krallen in eins seiner kostbaren Kissen und sah zu, wie der Bildhauer Bek seinen Kater streichelte und ihn aus der Hand mit kleinen Happen fütterte. Sabu nahm sie entgegen wie ein Herrscher die Huldigungen seines Volkes.

Bestimmt waren es nur wieder solche Streifen ge-

trocknetes Schweinefleisch, redete ich mir ein. Nichts, was den wählerischen Gaumen von Pharaos Kater erregen könnte. Trotzdem knurrte mein Magen. *Wie ist es möglich, dass Sabu verköstigt wird und ich nicht?*

Als der Schreiber sich der Sänfte näherte, wandte ich mich um, weil ich hoffte, er werde meine Näpfe auffüllen. »Nehmt den Jungen mit, Wesir. Er kann am Grab

Zeichnungen anfertigen, die den Schaden zeigen. Die brauche ich für meine Aufzeichnungen und Berichte.«

Der Wesir schaute verächtlich auf Kenamon hinab. »Kann er nicht mit Euch laufen, Schreiber?«

»Der Wächter und ich können mit Eurer Sänfte Schritt halten und Huya auch«, erwiderte der Schreiber. »Doch der Junge ist zu langsam.«

»Also gut.« Der Wesir gab Kenamon ein Zeichen, in die Sänfte zu steigen. »Setz dich zu den Katzen, Junge.«

Doch Kenamon schien sich zu freuen, bei uns zu sitzen. Ihm zuliebe nahm ich eine besonders elegante Pose ein und blieb so. Gleich griff der Junge nach seinen Malfarben, und ich sah seinen bewundernden Blick.

Der tat fast so gut wie ein kleiner Imbiss.

* * *

Wir hatten schon etwa die Hälfte des Tals der Könige hinter uns gelassen, als mir auffiel, dass etwas Schreckliches passiert war. »Mein Halsband!«, miaute ich unglücklich. »Es ist in Set Ma'at geblieben.«

»Mach dir keine Sorgen«, sagte Khepri. »Es ist ja nicht verloren gegangen. Neferhotep schaut danach.«

Davon ging es mir auch nicht besser. In den zuckenden Händen des Goldschmieds hatte mein Halsband nichts zu suchen. Der einzige Ort, an den es gehörte, war mein Hals.

»Vermutlich ist es in Set Ma'at sogar besser aufgehoben«, gab Miu zu bedenken. »Wenn es hier zwischen den Felsen verloren ginge, würdest du es nie mehr wiederfinden.«

»Du verstehst nicht, worum es geht«, protestierte ich. »Dieses Halsband ist ein Teil von mir. Es war ein Geschenk des Pharao.«

Miu sah mich schief an. »Weißt du was, Ra? Katzen *brauchen* keinen Schmuck.«

»Dieser Kater schon«, sagte ich jämmerlich. *Oh, diese schlanke Goldkette! Und oh, diese Goldkügelchen, die so hübsch klingen, wenn sie aneinanderschlagen!* »Wenn du selbst so etwas hättest, würdest du mich verstehen.«

»Tja, hab ich aber nicht«, sagte Miu. »Und irgendwie habe ich trotzdem überlebt.«

»Genau wie ich«, zirpte Khepri. »Kopf hoch, Ra.«

Ich war trotzdem nicht getröstet, und als wir den Tatort erreichten, fühlte ich mich noch schlechter. Es war so heiß, dass mein Fell beinahe Brandblasen bekam.

»Autsch!« Kaum hatte ich meine Pfoten auf den Boden gesetzt, sprang ich auch schon hoch. »Autsch! Autsch! Autsch!«

Von seinem Beobachtungsposten zwischen meinen Ohren trieb Khepri mich an. »Lauf hinter Miu her. Sie hat doch auch keine Probleme.«

»Miu ist ja auch eine Küchenkatze«, erklärte ich Khepri. »Sie ist große Hitze gewohnt.«

»Du wirst dich auch daran gewöhnen«, versicherte mir Khepri.

Er hatte gut reden. Er musste sich ja nicht die Pfoten an ofenheißen Felsen verbrennen.

Doch nach dem nächsten schmerzhaften Schritt wurde ich gerettet: Kenamon hob mich hoch. »Verzeiht, wenn ich mir die Freiheit erlaube, Mächtiger Ra, doch Ihr seht aus, als bräuchtet Ihr Hilfe.«

Es war tatsächlich eine Freiheit, die er sich herausnahm, und unter gewöhnlichen Umständen hätte ich das niemals zugelassen. Aber wie die Dinge lagen, verzieh ich ihm sofort. Was für ein rücksichtsvoller Junge!

Nachdem ich es mir in Kenamons Armen bequem gemacht hatte, fragte ich Khepri: »Wer ist das da vor uns, zwischen dem Wesir und dem Schreiber? Der sieht aus wie Huya.«

Also nicht ganz genauso, denn dieser Mann war einen halben Kopf größer, und er hatte nicht dieses Grinsen im Gesicht. Trotzdem war die Ähnlichkeit unverkennbar.

»Das ist der Hauptmann, der Befehlshaber der Wache«, erklärte mir Khepri. »Pssst. Er berichtet gerade von dem Überfall.«

Der Hauptmann sah aus, als wäre er die ganze Nacht nicht ins Bett gekommen, seine Uniform war völlig verknittert. »Dort drüben haben wir die Wachen gefunden, der Angreifer hat sie halb tot liegen gelassen.« Dabei zeigte er zu den Felsen hoch.

»Ab wann wurden sie vermisst?«, wollte der Schreiber wissen. Er hatte seinen Stab in eine Felsspalte geklemmt und machte sich eifrig Notizen auf seiner Tafel.

Der Hauptmann rieb sich die Nase und machte ein verlegenes Gesicht. »Das ist … schwer zu sagen. Durch den Feiertag und das anschließende Fest liefen die Dinge etwas anders als gewöhnlich.«

»Ich fasse es nicht.« Der Wesir sah empört aus. »Gibt es an diesem Ort irgendjemanden, der seine Arbeit macht, wie es sich gehört?«

»Oh, Herr, selbstverständlich haben wir unsere Kontrollgänge gemacht«, beeilte sich der Hauptmann zu sagen. »Wir sind zwar zurzeit unterbesetzt, aber wir kennen unsere Pflichten. Es ist nur so, dass wir glaubten, diese zwei Wächter hätten sich vor dem Sandsturm in Sicherheit gebracht, der im Morgengrauen aufkam. Doch am Vormittag fehlten sie immer noch, und wir schickten ein Suchkommando aus. Als die Männer gefunden wurden, waren sie in sehr schlechter Verfassung.«

»Und was soll all das Gerede über Anubis?«, fragte der Wesir.

»Beide Männer haben ausgesagt, dass sie den Gott gesehen haben, unmittelbar bevor sie niedergeschlagen wurden. Und einer von ihnen hat Juwelen in den Händen des Gottes gesehen.«

Der Wesir kniff die Augen zu schmalen Schlitzen zusammen. »Ich will die beiden befragen.«

»Sie sind nicht hier, Herr«, sagte der Hauptmann geduldig. »Wir haben sie zur Unterkunft der Wachen gebracht, wo sie sich von ihren Verletzungen erholen sollen.«

»Bringt sie her«, blaffte der Wesir ihn an. »Jetzt.«

Nachdem der Hauptmann widerwillig den Befehl erteilt hatte, fragte der Schreiber: »Welches Grab ist denn ausgeraubt worden?«

»Das kann ich nicht genau sagen«, gestand der Hauptmann. »Der Sandsturm hat sämtliche Fußspuren verweht, und an allen Gräbern, die wir bisher untersucht haben, sind die Siegel am Eingang unversehrt. Nirgendwo sind Schäden zu entdecken. Aber wir haben das hier gefunden.« Nach diesen Worten zog er einen goldenen Ring aus der Tasche und reichte ihn dem Schreiber weiter. »Ich glaube, ich habe die Schrift darauf richtig entziffert, aber ich bin kein Experte.«

Der Schreiber untersuchte den Ring. »Dieser Ring ist aus dem Grab des Setnakht.«

Setnakht? Das war einer der vornehmsten Ahnen meines Pharao, der Besitzer von Pamiu, meinem eigenen Urahn. Sowohl Setnakht als auch Pamiu galten zu ihrer Zeit als Legenden, und der Sarkophag, in dem sich Pamius Mumie befindet, soll ebenfalls legendär gewesen sein. Er war aus Holz und Gold hergestellt und sollte angeblich einer lebenden Katze gleichen, mit goldenem Fell und funkelnden Bernsteinaugen.

»Setnakht, ja?« Der Befehlshaber nickte. »Das dachte ich mir schon, dass es das heißt. Aber wir haben sein Grab untersucht, und es ist weiterhin fest versiegelt. Jemand muss also einen anderen Weg hinein entdeckt haben. Wir werden die Siegel öffnen müssen und nachsehen, was sonst noch gestohlen wurde – mit Eurer Erlaubnis, werte Herren.«

Anstelle einer Antwort reichte der Schreiber dem Wesir den Ring weiter.

Der umklammerte das Schmuckstück fest in seiner Faust. »Wie könnt Ihr es wagen, uns um Erlaubnis zu bitten, die heilige Ruhestätte Setnakhts zu stören? Es kann doch genauso gut sein, dass dieser Ring niemals im Grab gewesen ist. Vielleicht ist er einfach verloren gegangen, als Setnakht vor über hundert Jahren beigesetzt wurde.«

»Der Ring wurde im Freien gefunden, nahe einem der angegriffenen Männer«, sagte der Hauptmann. »Es ist unwahrscheinlich, dass er dort hundert Jahre lang gelegen haben soll, Herr. In dieser Gegend wird regelmäßig patrouilliert, außerdem kommen hier ständig Trupps von Arbeitern durch. So ein goldener Ring fängt außerdem das Licht ein.«

Der Wesir sah ungehalten aus. Der Schreiber strich etwas auf seiner Tafel aus.

»Niemand wünscht die heiligen Siegel eines Grabes zu zerstören«, fuhr der Befehlshaber der Wachen fort. »Doch wenn es den Verdacht auf einen Raub gibt, müssen wir handeln. Wenn Ihr uns nicht die Erlaubnis geben könnt, dann muss ich zu Pharao persönlich gehen.«

Der Wesir wurde rot, allerdings konnte ich nicht erkennen, ob aus Verlegenheit oder aus Ärger.

»Also gut«, blaffte er den Hauptmann an. »Öffnet das Grab.«

* * *

Erst war der Wesir nur rot angelaufen, doch als schließlich das Grab entsiegelt wurde, verfärbte sein Gesicht sich tiefviolett. Kaum hatten sich unsere Augen an das matte Licht der Fackel in der inneren Kammer gewöhnt, da heulte er auch schon auf.

»Diebe! Verräter! Abtrünnige! Setnakhts ewige Ruhe ist gestört worden. Sie haben ihn all seiner Schätze beraubt!«

Von meinem erhöhten Aussichtspunkt in Kenamons Armen starrte ich schockiert auf den Anblick vor uns.

Das Grab war völlig verwüstet.

Die Diebe hatten alles Gold von den Statuen entfernt. Sie hatten das vergoldete Mobiliar in Stücke gehauen, vermutlich, um an die Juwelen zu kommen. Aber am allerschlimmsten war, dass sie den enormen Steinsarkophag, der Setnakhts Mumie enthielt, aufgestemmt und dem Verstorbenen seine kostbaren Amulette und den Halsschmuck entrissen hatten.

»Sie haben ihm sogar den Skarabäus weggenommen, der auf seinem Herzen lag«, sagte Khepri mit sanfter Stimme und schaute dabei auf die nackte Brust der Mumie.

Der Skarabäus wird gewöhnlich dorthin gelegt, wo sich das Herz der Mumie befindet; er soll dem Verstorbenen den Weg ins Jenseits erleichtern.

Setnakhts Herzskarabäus war bestimmt groß gewesen und vermutlich aus Jaspis oder Amethysten gearbeitet. Auf jeden Fall sehr kostbar.

»Sakrileg!«, schrie der Wesir, und ich konnte ihm nur zustimmen.

Doch dann sprang ich hinunter und sah etwas noch viel Schlimmeres.

»Khepri!«, schrie ich. »Miu!«

Sofort stand Miu neben mir.

Khepri klammerte sich an meinem Fell fest. »Was ist los, Ra?«

Mit zitternder Pfote zeigte ich auf das, was ich soeben entdeckt hatte. »Schaut doch!« Ich musste die Augen von diesem Anblick abwenden. »Da auf dem Boden, das ist mein großer Urahn Pamiu – seine Mumie. Die Räuber haben seinen goldenen Sarkophag gestohlen!«

6

Auf der Jagd

Ich zwang mich, wieder auf die hilflose Katzenmumie zu schauen. Ihre Ohren waren zerbrochen, die Bandagen gelockert. Über Zeit und Raum hinweg kam es mir vor, als hörte ich Pamius Stimme: *Räche mich, Mächtiger Ra. Sorge dafür, dass Gerechtigkeit geübt wird.*

Wie konnte ich so einen Ruf ungehört verhallen lassen?

»Der Große Detektiv übernimmt den Fall«, versprach ich laut.

Khepri hüstelte. »Die Großen Detektive, meinst du wohl.«

»Genau«, stimmte Miu ihm zu. »Wir arbeiten doch zusammen.«

Richtig. Darauf hatten wir uns nach unserem letzten Fall geeinigt. »Aber diese Geschichte fühlt sich so an, als würde sie speziell mich betreffen«, erklärte ich ihnen. »Schließlich ist es mein Urahn, der hier liegt. Deshalb ist es auch meine Pflicht, mich darum zu kümmern.«

»Das betrifft uns alle drei.« Miu trat neben Pamius entweihte Mumie. »Meinst du, mich regt das nicht auf, Ra? Eine Katze ist eine Katze.«

»Aber diese Katze war etwas ganz Besonderes«, erinnerte ich sie. »Schließlich bekommt nicht jeder Kater eines Pharao einen goldenen Sarkophag. Diese Ehre wird nur den allerbesten und am meisten geliebten gewährt.« Leise gestand ich: »Ehrlich gesagt – ein bisschen hoffe ich selbst auch auf so einen.«

Seufzend blickte Miu zu Khepri hoch, und ich wandte meinen Blick wieder Pamius armer geschändeter Mumie zu. Es war klar, dass die Räuber die Bernsteinaugen von seinem wundervollen Sarkophag entfernt hatten und den Rest einschmelzen wollten, um an das Gold zu kommen.

Es dauerte eine Weile, bis die Menschen uns eingeholt hatten, doch schließlich entdeckte auch der Schreiber Pamius Mumie. »Seht Euch das an, Wesir! Auch der Sarkophag der Katze wurde gestohlen. Noch so ein unschätzbar wertvoller Gegenstand verloren!«

»Macht eine Liste, Schreiber, macht eine Liste.« Nachdem der Wesir sich von seiner anfänglichen Wut erholt hatte, lief er jetzt in der Grabkammer hin und her. »Notiert alles, was fehlt, alles, was ungewöhnlich aussieht. Und vor allem, findet heraus, wie die Diebe hier eingebrochen sind. Wir können sie nicht fangen, wenn wir nicht wissen, wie sie hier eingedrungen sind.«

Statt sich mit seiner Schreibtafel hinzusetzen, nahm der Schreiber seinen Stab und stieß Kenamon damit an. »Du da! Fang an zu zeichnen. Ich will eine Aufzeichnung von allen Schäden, die wir hier sehen.«

»Nirgendwo sind Spuren eines Einbruchs zu sehen«, sagte der Hauptmann, der noch immer die Wände absuchte. »Ich verstehe nicht, wie sie das geschafft haben.«

Er senkte seine Fackel, und in der Grabkammer wurde es dunkler. Die Atmosphäre wurde regelrecht gruselig.

»*Anuuuuuuuubis.*« Es war nur ein Hauch von einem Flüstern, doch das Fell stellte sich mir auf, als ich es hörte. Jedermann erstarrte, und der Wesir und der Schreiber sahen einander entgeistert an.

Miu berührte mich kurz mit der Pfote. Sie beobachtete Kenamon, und mir fiel auf, dass er als Einziger unter den Menschen nicht erschrocken schien. Seine Augen blitzten sogar leicht auf. Ich erinnerte mich an das, was Sabu gesagt hatte: dass der Junge gerne herumalbere. Sollte das heißen, dass er Scherze mit uns trieb? Hatte er selbst geflüstert, oder war es der Gott der Toten, der uns von hier vertreiben wollte? Ich warf einen Blick zurück zum Eingang des Tunnels, und vor Schreck blieb mir die Luft weg. Steifbeinig und leise stöhnend kamen zwei Gestalten auf uns zu, die Stoffbinden, mit denen sie umwickelt waren, flatterten im unheimlichen Licht der Fackeln.

»Mumien!« Mit einem lauten Aufjaulen schoss ich hinter einen Kanopenkrug, ein Gefäß, in dem die Eingeweide der Verstorbenen getrennt beigesetzt werden.

»Wesir«, sagte der Hauptmann, »dies sind die Wächter, die auf den Felsen angegriffen wurden.«

Oh.

»Eine verständliche Verwechslung«, sagte ich zu Khepri, der kichernd oben auf meinem

Kopf saß. »All diese Bandagen, da kann man sich leicht täuschen.«

Ich kam wieder aus meinem Versteck hervor.

»Erzählt dem Wesir, was euch passiert ist«, forderte der Hauptmann die Männer auf.

Der größere der beiden Männer hielt den Kopf gesenkt, als hätte er Schmerzen. Einen Arm trug er in der Schlinge. »Wir beide waren zusammen auf Patrouille, Herr, es war eine mondlose Nacht, was immer schwierig für uns ist. Aber wir hatten die Sterne.« Er brach ab und biss sich auf die Unterlippe.

»Sprich weiter«, sagte der Hauptmann.

Der Wächter ließ den Kopf noch tiefer hängen. »Gleich nach Mitternacht hörten wir das Heulen von Schakalen, ganz nah, aus der Schlucht. Normalerweise machen sie nicht so viel Lärm, also dachten wir, wir sollten besser einmal nachsehen. Im nächsten Moment griffen sie uns auch schon an – Dutzende von Schakalen, alle gleichzeitig. Sie rannten direkt auf uns zu und trennten uns voneinander. Ich bin die Felsen hochgeklettert, um ihnen zu entkommen, doch als ich mich umdrehte ...« Der Mann schloss die Augen, als fürchtete er sich vor der Erinnerung.

»Was?«, fragte der Wesir.

»Ich sah den riesigen Kopf eines Schakals.« Der Mann wirkte wie versteinert und brachte die Worte kaum hervor. »Es war der Gott Anubis, und er war zornig. Das ist das Letzte, woran ich mich erinnere.«

Der kleinere Mann trug einen Verband um den Kopf und hatte ein Bein fest umwickelt. »Ich bin auch weggerannt, Herr. Doch dann hörte ich einen Schrei. Im selben Moment sah ich den großen Gott Anubis, der sich vor mir erhob, die Hände voller Gold und Edelsteine.« Seine Stimme bebte bei der Erinnerung. »Die Macht des Gottes kam über mich und löschte alle anderen Erinnerungen aus.«

Der Wesir und der Scheiber wirkten erschrocken. Ehrlich gesagt, selbst mir ging es ein bisschen so.

Ich schaute zu Kenamon hinüber. Er schien genauso verängstigt wie wir anderen. Das Leuchten in seinen Augen war verschwunden.

»Ich weiß nicht, was ich davon halten soll.« Der Hauptmann sah sich in der Grabkammer um. Ihm schien unbehaglich zumute zu sein. »Wir haben die Männer natürlich getrennt befragt, doch ihre Erzählungen widersprechen sich auch in den Einzelheiten nicht. Und beide schwören einen Eid, dass ihr Zeugnis die Wahrheit ist.«

Die Fackel flackerte, und es wurde noch dunkler in der Grabkammer. In dieser unheimlichen Umgebung konnte man sich leicht ein dunkles, wolfsähnliches Gesicht vorstellen, das sich vor dem Nachthimmel abhob. Eine Weile sprach niemand ein Wort, und in dem Schweigen glaubte man beinahe zu hören, wie sich die Schritte des Schakalgottes verstohlen der Grabkammer näherten.

Ich zitterte. Khepri ließ sich fallen; vielleicht brauchte er dringend festen Boden unter sich. Selbst Miu sah verunsichert aus.

»Könnte das wirklich wahr sein?« Der Hauptmann sprach mit gesenkter Stimme. »Wandelt Anubis durch dieses Tal?«

Der Wesir starrte auf das Wandgemälde neben ihm, das den Gott mit dem schwarzen Kopf eines Schakals dabei zeigte, wie er die Herzen der Verstorbenen auf seine Waage legt. Auch meine Augen richteten sich darauf.

»Das Grab war versiegelt«, sprach der Wesir mit schwacher Stimme. »Und einen anderen Eingang haben wir nicht gefunden.«

»Nur ein Gott könnte hier hereinkommen«, flüsterte der Schreiber.

Er und der Wesir sahen einander lange an. Beide schienen unsicher.

»Ich muss an die Luft.« Eine Hand an die verschwitzte Stirn gelegt, stolperte der Wesir in Richtung Tunnel. Schaudernd folgte ihm der Schreiber. Seinen Stab hielt er fest in der Hand, die Schreibtafel presste er an die Brust.

Ich hockte mich hin und versuchte, den goldenen Augen des gemalten Anubis auszuweichen.

Niemand ist tapferer als Pharaos Kater, natürlich. Meine Freunde sagen das immer. (Nicht Khepri und Miu. Aber alle anderen.) Aber ein Gott ist ein Gott, und damit kann sich ein Kater kaum vergleichen. Wir können zwar Menschen mit unserem Schnurren zum Sprechen bringen, aber mehr Möglichkeiten haben wir nicht. Und wenn man mit dem Wächter des Jenseits zu tun hat, dann kommt man mit Schnurren nicht weiter.

»Im Ernst, dieses ganze Gerede über Anubis finde ich ziemlich gruselig«, sagte ich zu Miu und Khepri. »Sollten wir nicht auch nach draußen gehen?«

Khepri zirpte vorwurfsvoll. »Wir sind die Großen Detektive, Ra. Wir lassen uns nicht von unseren Ängsten ins Bockshorn jagen. Wir wollten nach der Wahrheit suchen.«

»Stimmt«, gab Miu ihm recht. »Wir brauchen Beweise – kalte, harte Fakten.«

»Schön«, sagte ich, blieb aber am Boden hocken. »Wie wär's, wenn wir draußen danach suchten?«

»Ra, wenn wir jetzt rausgehen, lassen sie uns vielleicht nicht wieder hier rein«, sagte Khepri. »Wir müssen dieses Grab durchsuchen, solange wir die Gelegenheit haben.«

»Du musst ja nicht bleiben, wenn du Angst hast«, sagte Miu beruhigend. »Khepri und ich erledigen das. Wir treffen uns dann draußen.«

»Wer hat hier Angst?« Ich zwang mich aufzustehen. Wenn irgendjemand für Pamiu Rache übte, dann ich. »Ich meinte nur, es ist so dunkel hier drin und so stickig.« *Und gespenstisch.*

»Vielleicht können wir dahinterkommen, wie die Räuber hier reingekommen sind.« Khepri krabbelte schnell in eine Ecke der Grabkammer. »Sucht die Wände

ab, vor allem ganz unten. Und natürlich auch den Boden. Menschen achten nie genug auf den Boden.«

Der Hauptmann und seine Leute sowie Huya waren gerade dabei, die große Grabkammer und den Tunnel, der in sie hineinführte, zu untersuchen, doch Khepri hatte recht: Sie achteten kaum auf all das, was sich unterhalb ihrer Knie befand. Nur Kenamon schien wirklich alles gründlich zu inspizieren, und das dauerte sehr, sehr lange.

Khepri, Miu und ich machten uns also an die Arbeit. Wir suchten die ganze Grabkammer ringsum ab, dabei bemühten wir uns, den Menschen aus dem Weg zu gehen. Während Miu und ich überall herumschnüffelten, lief Khepri unermüdlich von Winkel zu Winkel.

Wir befanden uns gerade unter einem vergoldeten Stuhl und untersuchten ein Stück Boden, das die Menschen nicht beachtet hatten, als

ich sagte: »Also wisst ihr, das hier ist wirklich schwere Arbeit.«

Miu presste ihre Nase an einen Spalt zwischen zwei Steinen.

»Genau die Art von Arbeit, von der man Hunger bekommt«, sagte ich. Khepri zirpte laut.

»Die Art von Arbeit«, sagte ich verträumt, »bei der man sich wünscht, man hätte einen Napf mit würzigem Steinbockfleisch vor der Nase.« Ich schloss die Augen, um es mir besser vorstellen zu können. »Gewürzt mit Kreuzkümmel und einem Hauch von Zimt. Glaubt mir, ich kann es direkt riechen.«

»Das ist komisch.« Miu setzte sich hellwach auf. »Tatsächlich, Zimt! Ich rieche es auch.«

»Aha!« Khepri klopfte mit einem Vorderbein auf den Boden. »Seht euch das an!«

Mit einem Bein wedelte er mit einem kleinen Krümel über seinem Kopf.

»Unser erstes Beweisstück«, verkündete er.

7

Ein Loch in der Wand

Miu und ich beschnüffelten Khepris Fund. »Ein Krümelchen Gewürzfleisch. Gans vielleicht?«, überlegte Miu.

»Genau«, stimmte ich ihr zu. »Mit einer tiefen Note von Zimt und etwas Kreuzkümmel im Abgang. Nicht gerade das, was im Palast serviert wird, aber durchaus nicht schlecht. Außerdem riecht es noch ziemlich frisch.«

»Wenn ihr meine Meinung hören wollt: Es riecht ekelhaft«, sagte Khepri und tat ein paar Schritte rückwärts. »Ehrlich, ich weiß nicht, wie irgendjemand so etwas runterkriegt. Schon gar nicht, wenn man stattdessen Dung bekommen könnte.«

»Sieh's positiv«, sagte ich. »Umso mehr Dung bleibt für dich übrig.«

»Das stimmt.« Khepri lebte gleich wieder auf. »He, ich glaube fast, da liegt noch so ein Stückchen, drüben bei der Mauer.«

Miu holte es, und wir schauten es alle drei an. Es sah genauso aus wie das andere Krümelchen, nur ein bisschen größer und klebriger.

»Also, ich glaube, damit können wir Anubis als Grabräuber ausschließen«, sagte Miu.

»Es sei denn, Anubis isst mit Zimt gewürztes Gänsefleisch«, fügte ich hinzu.

»Höchst unwahrscheinlich«, sagte Khepri, und ich musste ihm recht geben.

Miu schnupperte an einer Halbsäule in der Wand hinter dem Stuhl. »Wisst ihr was? Hier riecht es auch nach Zimt.«

»Wo genau?«, fragte Khepri.

»Ich bin mir nicht sicher«, gab Miu zu. »Es kommt mir fast so vor, als ginge der Geruch von der Stelle aus, wo die Säule mit der Wand verbunden ist.«

Khepri und ich gingen hin, um zu schauen (er) beziehungsweise zu schnüffeln (ich).

»Das ist ja interessant«, sagte Khepri. »Der Mörtel ist hier ganz lose. Seht ihr das?« Er fing an, daran zu kratzen.

Miu und ich sahen ihm gespannt zu, als meine Ohren auf einmal alarmiert zuckten.

Ich trat von der Wand zurück. »Miu? Ich hab kein gutes Gefühl …«

»Jetzt fang bloß nicht wieder mit Anubis an.« Sie sah sich nicht einmal um.

»Nein.« Mein Schwanz zuckte. »Es ist ein …«

Plötzlich ertönte in der Kammer wildes Gebell, als ein graues Untier auf uns zugeschossen kam, wobei einige Kanopenvasen zu Bruch gingen. Ein Wächter hielt das Tier an der Leine. »Er hat was gefunden!«

»HUND!« Ich kreischte laut auf, während das Untier einen Satz nach vorn machte.

»Nein!«, rief Kenamon und sprang auf. »Stehen bleiben!«

Khepri war inzwischen außer Sichtweite. Miu und ich sprangen auf die Rückenlehne des Stuhls, laut fauchend und die Krallen abwehrbereit ausgestreckt.

Mit einem Satz war Kenamon bei uns. Der Hund stellte sich auf die Hinterbeine, wurde aber durch die Leine zurückgehalten.

»Bloß zwei Katzen«, sagte der Wächter enttäuscht.

»Das ist Pharaos Kater«, erklärte Kenamon dem Wächter. »Und dessen Freundin.«

Der Hund ließ den Kopf hängen. »Ups«, brummte er. »Ich fürchte, da sind die Gäule mit mir durchgegangen.«

»Schafft den Hund hier raus«, befahl der Hauptmann von der anderen Seite der Kammer. »Hier ist schon genug Unheil angerichtet worden. Es muss nicht noch mehr kaputtgehen.«

Während der Wächter schon an der Leine zerrte, wackelte der Hund mir mit seinen

spitzen Ohren einen Abschiedsgruß zu. »Tut mir leid, ich hab nicht bemerkt, dass du Pharaos Kater bist.«

»Puuuh!«, sagte ich zu Miu, nachdem der Hund verschwunden war. »Das war knapp.«

»Ich kann Khepri nirgends sehen«, sagte Miu ängstlich.

»Khepri?«

Ich sprang hinunter, um nach ihm zu suchen. »He, Kumpel, wo steckst du?«

Khepri schoss hinter der Halbsäule hervor, bedeckt mit Schutt.

»Ich hab's gefunden!« Er wedelte triumphierend mit den Vorderbeinen. »Ich hab den Eingang gefunden!« Er zeigte auf ein winziges Loch in der Mauer hinter ihm. »Da!«

Miu besah sich das Loch. »Ein Käfer passt da vielleicht durch«, sagte sie dann. »Aber Menschen sind ein bisschen größer, Khepri.«

»Wartet mal!« Mir war ein Gedanke gekommen. Vielleicht hatte ich den Fall ja schon gelöst. »Was, wenn Käfer die Räuber waren?«

»Ra, das ist nun wirklich Blödsinn.« Khepri klopfte sich sauber. »Aber egal, ich habe einen Weg entdeckt, über den Menschen hier hereinkommen konnten. Dieser große Stein bei der Säule ist nämlich lose. Jemand hat ihn erst kürzlich wieder in die Mauer zurückgeschoben. Und stellt euch vor: Dahinter ist ein Loch und dahinter noch ein loser Felsblock. Und wenn man um den herumkommt – das geht nämlich, weil er auch beiseitegeschoben wurde –, dann ist man in einer anderen Grabkammer. Einer verlassenen.«

»Bist du sicher?« Ich hockte mich hin, um mir das anzusehen, sah aber nichts als das winzige Loch.

»Natürlich bin ich sicher«, sagte Khepri geknickt.

»Dann sollten wir das den Menschen sagen«, sagte

Miu. »Ich glaube, Kenamon hat schon einen Verdacht.« Ich blickte auf und sah, dass der Junge abwechselnd uns und das winzige Loch anstarrte.

»Vielleicht bringt er die anderen Menschen hierher«, sagte Khepri.

Doch der Junge drehte sich wortlos um. »Ich glaube, er hat uns nicht verstanden«, sagte Miu.

»Dann müsst ihr beide eben die Menschen herholen«, sagte Khepri. »Ich helfe euch, so gut es geht.«

Miu rannte zum Hauptmann hinüber und strich ihm um die Beine. Ich stellte mich vor ihn hin und zeigte mit dem Schwanz in Richtung Wand. Doch er scheuchte uns mit einer Handbewegung weg. Wirklich, Menschen sind schwer von Begriff.

Als Nächstes versuchten wir, uns neben die Wand zu stellen und laut zu miauen. »Schafft diese Katzen raus!«, befahl der Hauptmann. »Ich hab genug von ihren Mätzchen.«

Bevor wir noch begriffen, was geschah, hatten die Wächter uns schon mit einem Fußtritt aus der Grabkammer hinausbefördert.

* * *

»Was sagt ihr dazu?« Nachdem ich im grellen Sonnenlicht ein paarmal gezwinkert hatte, bemühte ich mich, mein Fell zu glätten, wo die Wächter es zerzaust hatten. »Dabei wollten wir doch nur helfen.«

Miu leckte sich gerade sauber. »Ich fürchte, diese Menschen haben uns nicht verdient.«

»Nein, wirklich nicht«, gab Khepri ihr recht. »Aber davon lassen sich Große Detektive nicht abhalten, diesen Fall zu lösen. Kommt, wir sehen uns die verlassene Grabkammer an, die ich gefunden habe.«

Wir gingen am Wesir und am Schreiber vorbei, die flüsternd zusammenstanden und sich finstere Blicke zuwarfen.

»Das andere Grab müsste nördlich von diesem sein und tiefer liegen«, sagte Khepri und drängte mich die Felsen hinunter. »Jedenfalls vermute ich das.«

»Da!« Miu legte den Kopf schief. »Dieser Spalt dort in den Felsen. Könnte es das sein?«

Mit einem Satz war ich dort. »Komm, das finden wir heraus.«

Tatsächlich, es war der Eingang zu einer Grabstätte.

»Nichts kann uns daran hindern, einfach hineinzugehen«, sagte Miu, als wir den dunklen Tunnel betraten. »Das Siegel fehlt.«

»Wahrscheinlich hatten Diebe es so vollständig zerstört, dass es nicht mehr repariert werden konnte«, sagte ich. »Das ist normalerweise der Grund.«

Je mehr wir das Licht hinter uns ließen, umso nervöser wurde ich.

»Keine Sorge«, sagte Khepri. »Sobald wir in die Grabkammer kommen, wird es heller.«

»Nein, wird es nicht«, erklärte ich ihm. »Der ganze Sinn und Zweck einer Grabkammer ist ja gerade, dass der Verstorbene sich unter der Erde befindet, und das heißt: Kein Licht.«

»Aber diese Grabkammer hier hat Licht«, beharrte Khepri.

»Unsinn«, sagte ich.

Doch Khepri hatte tatsächlich recht gehabt. In der Decke der Grabkammer war nämlich ein Loch. Darüber hatte jemand eine Steinplatte gelegt, doch die passte nicht richtig, und so strömte an den Rändern helles Sonnenlicht herein.

Miu kletterte auf einen breiten, halb kaputten Mauervorsprung, um besser sehen zu können. »Dieses Loch sieht nicht neu aus«, so berichtete sie. »Ich vermute, dass die ursprünglichen Räuber hier hereingekommen sind.«

»Und dann haben sie das ganze Grab abgebrannt.« Das Grab war leer gefegt, doch ich konnte noch immer den Ruß riechen. »So etwas machen sie manchmal, nachdem sie alle Schätze geraubt haben. Auf die Weise sind alle Beweise gründlich zerstört.« Als hätte ich schon einmal zugesehen, wie ein Räuber eine Grabkammer in Brand setzt! Aber man lernt eine ganze Menge, wenn man auf Pharaos Schoß sitzt und zuhört, wenn die Wesire endlos berichten.

Khepri rutschte über meinen Rücken und den Schwanz hinunter auf den Boden und beeilte sich, zur Mauer zu kommen. »Da! Was habe ich euch gesagt?« Er tippte auf einen groben Stein, der nicht ganz parallel zu den anderen stand. »Das ist der Stein, der bewegt wurde.«

»Und hier ist noch so ein Stückchen getrocknetes Fleisch«, sagte Miu, die Nase am Boden.

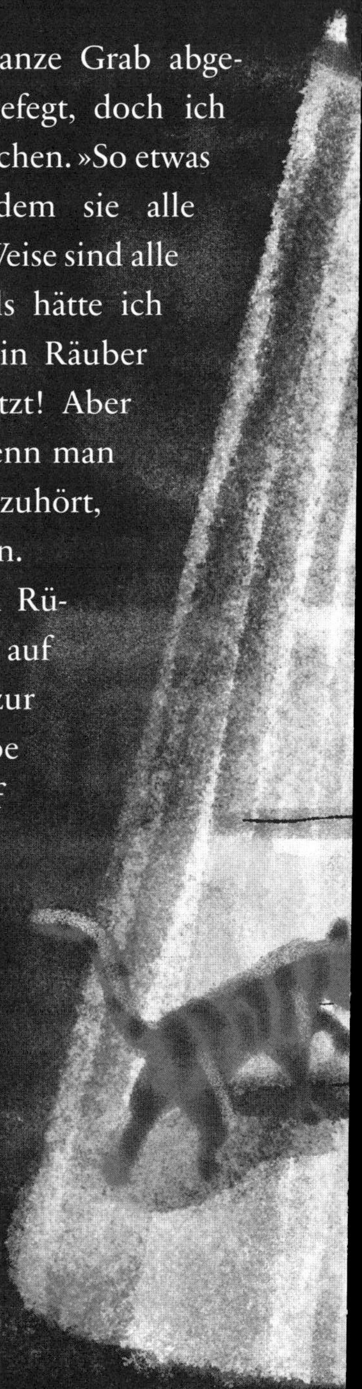

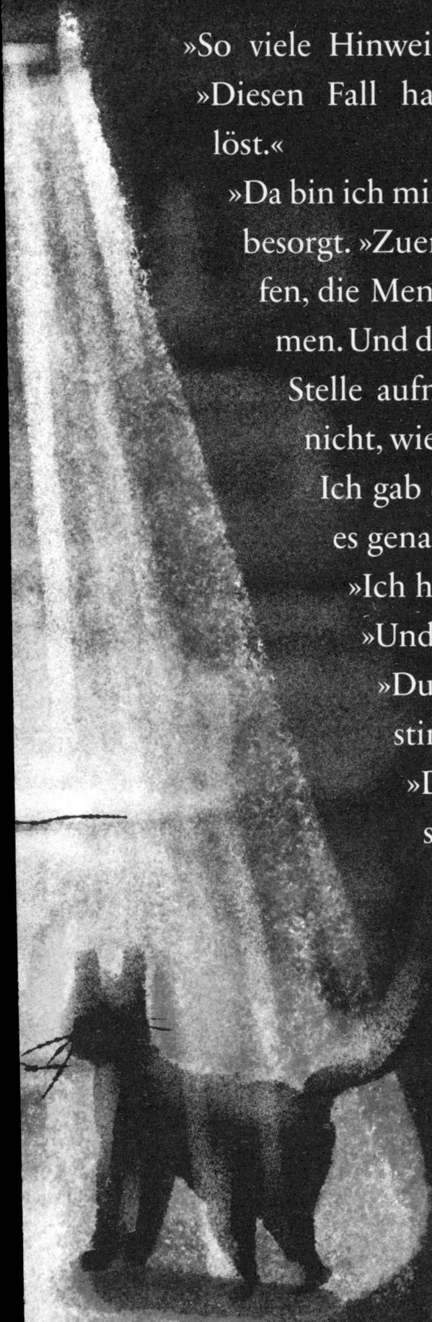

»So viele Hinweise!« Ich war hoch erfreut. »Diesen Fall haben wir ja ruckzuck gelöst.«

»Da bin ich mir nicht so sicher.« Miu klang besorgt. »Zuerst müssen wir es mal schaffen, die Menschen hier hereinzubekommen. Und dann müssen wir sie auf diese Stelle aufmerksam machen. Ich weiß nicht, wie wir das schaffen sollen.«

Ich gab es ungern zu, aber mir ging es genauso.

»Ich hab eine Idee«, sagte Khepri.

»Und was für eine?«, fragte ich.

»Du bist doch schnell, Ra, stimmt's?«

»Der Schnellste überhaupt«, sagte ich bescheiden.

»Und schlau?«

»Der Schlauste über …« Ich brach ab und sah Khepri aus zusammengekniffenen Augen an.

»Warte mal. Woran denkst du?«

8

Eintopf

»Du musst den Hund dazu bringen, dir hinterherzujagen«, sagte Khepri. »Ihn in die Grabkammer locken.«

Ich blinzelte überrascht. »Du willst, dass dieses Untier mir hinterherjagt?«

»Ja«, sagte Khepri fröhlich. »Wenn es dich hier drin in die Enge treibt, dann müssen die Wachen kommen, um zu klären, was da los ist. Dabei werden sie selbst sehen, dass jemand den Stein verrückt hat, und dann …«

»… dann verspeist mich der Hund zum Abendessen«, beendete ich seinen Satz. »Ich kann es nicht fassen, dass du so einen Vorschlag machst, Khepri. Hast du seine Zähne gesehen?«

»Der kriegt dich doch nie, Ra. Du bist viel zu schnell für ihn. Und viel zu schlau.«

»Schlau genug, um Nein zu sagen«, antwortete ich.

Khepri machte einfach weiter, so als hätte ich nichts gesagt. »Du springst da oben auf diesen halb kaputten Sims, dann kommen die Wächter, um dich zu retten, und geben dir was Leckeres zu essen, um dich wiederzubeleben.«

»Essen?« Das warf ein völlig neues Licht auf meine Lage. »Und du meinst, das würden die tun?«

»Natürlich«, sagte Khepri. »Du liegst halb ohnmächtig in ihren Armen, und wer ist daran schuld? Ihr Hund. Da müssen sie ja wohl Wiedergutmachung leisten. Schließlich bist du Pharaos Kater.«

»Hmm …« Ich überlegte. »Also gut. Aber ich mach das nicht alleine, Khepri. Du musst dabei auf meinem Kopf sitzen und aufpassen.«

»Einverstanden.« Khepri krabbelte schnell auf meinen Kopf. »Dann machen wir jetzt unseren Plan für den Angriff …«

»Wir kommen von der Seite«, schlug ich vor.

»Frontal wäre besser«, behauptete Khepri.

»Frontal? Bei einem Hund? Khepri …«

»Das dauert mir einfach zu lange mit euch.« Mit diesen Worten flitzte Miu zurück durch den Tunnel.

»Miu, warte!« So leicht wollte ich mich nicht um

meinen Ruhm bringen lassen – und auch nicht um mein Essen. So schnell ich konnte, sprang ich hinter ihr her.

Mit Schwung erreichte ich die Felsen draußen, rannte an Miu vorbei und direkt auf den Hund zu.

»Auf ihn, Ra!«, brüllte Khepri mir ins Ohr.

»Da kannst du Gift drauf nehmen!«, brüllte ich zurück.

Das graue Untier stand aufmerksam neben einer Gruppe von Wächtern. Ich schoss seitlich an ihm vorbei und wirbelte direkt unter seiner Nase eine Staubwolke auf. »Fang mich doch!«, rief ich ihm zu. Im nächsten Moment rutschten mir auf dem Geröll alle vier Pfoten weg.

Ich landete direkt unter der Nase des Hundes.

»Ach du Schande!«, schrie Khepri. »Steh auf, Ra!«

Benommen rollte ich mich auf die Seite, was mir aber nur einen Einblick aus nächster Nähe in das weit offene Hundemaul verschaffte. Ich schloss die Augen. Das war jetzt wohl mein Ende.

»Tut mir leid«, sagte der Hund missmutig. »Aber ich kann nicht.«

Ich blinzelte. »Was?«

Der Hund machte eine verlegene Miene. »Sei nicht

gekränkt, Großer Kater des Großen Pharao. Es ist nett von dir, dass du mit mir spielen willst, vor allem, nachdem ich dich vorhin so schlecht behandelt habe. Aber ich muss leider Nein sagen. Ich bin im Dienst, wie du siehst. Und außerdem bin ich angeleint.«

»Oh.« Ich riskierte einen Blick. Da war tatsächlich ein Strick zwischen den Felsen, auch wenn er nicht gut zu erkennen war. Inzwischen kam Miu langsam hinterher, und ich kam zurück auf die Füße, allerdings außerhalb der Reichweite seiner Leine. »Äh … Kein Problem, ich wollte nur … ein bisschen nett sein.«

»Vielleicht später, wenn ich nicht mehr im Dienst bin?«, antwortete der Hund eifrig. »Dann hätte ich Zeit zu spielen.«

»Äh …« Ich ließ mir Zeit mit der Antwort.

»Dann ist es zu spät«, flüsterte Miu mir zu. »Wir brauchen *jetzt* Hilfe.«

»Sie hat recht«, murmelte Khepri mir ins Ohr. »Ich glaube, wir brauchen einen neuen Plan.«

»Wovon redet ihr denn da?«, fragte der Hund und legte den Kopf schief. »Es geht um einen Plan, oder?«

Pharaos Kater hat gute Tierkenntnis, und so aus der Nähe konnte ich sehen, dass dieser Hund einer von der freundlichen Sorte war. Und deshalb habe ich ihn kurz entschlossen ins Vertrauen gezogen.

»Du hast recht, ich bin Pharaos Kater«, sagte ich. »Und du bist …?«

»Buu«, sagte der Hund stolz. »Treuer Diener des Hauptmanns der Wache und seiner Männer.«

»Wir haben ein Problem, Buu«, erklärte ich. »In einem anderen Grab haben wir ein paar Hinweise gefunden …«

»In dem, aus dem du gerade gekommen bist?«, unterbrach mich der Hund.

»Ja.«

Der Hund nickte verständig. »Das war das Grab von Thutmosis dem Zweiten. Es ist vor ein paar Jahren ausgeraubt worden, aber wir sind den Dieben auf die Spur gekommen. Natürlich hatten sie inzwischen alles Gold eingeschmolzen und das, was im Grab noch übrig war, in Brand gesetzt, sodass nichts mehr zu retten war, nicht einmal die Mumie. Aber für mich ist es immer noch das Grab von Thutmosis dem Zweiten.«

»Wie auch immer«, sagte ich, »es ist ganz wichtig, dass die Menschen hineingehen und sich umschauen. Siehst du irgendeine Möglichkeit, uns zu helfen?«

»Ich will sehen, was ich machen kann«, sagte Buu, aber sehr hoffnungsvoll sah er nicht aus. »Ehrlich gesagt ist es unwahrscheinlich, dass sie mich heute noch mal von der Leine lassen, nicht nach der Geschichte vorhin. Und so stark, wie sie sind, kann ich sie nicht den ganzen Weg bis dorthin ziehen.«

Nachdem wir Buu erzählt hatten, welche Hinweise wir entdeckt hatten, war er noch weniger optimistisch. »Das wird ganz schön schwierig, sie dazu zu bringen, dass ihnen das überhaupt auffällt«, sagte er. »Menschen gehören nicht gerade zu den Schlausten auf Erden. Und heute noch weniger als normalerweise, nachdem sie gestern bis spät in die Nacht gefeiert und getrunken haben.«

»Hast du gesehen, was passiert ist?«, fragte Miu.

»Gestern Abend?« Buu kratzte sich. »Nein, das kann ich nicht sagen. Ich hab die Gelegenheit genutzt, während sie feierten, um mich ein bisschen auszuschlafen. Bis dahin hatte ich nämlich wochenlang Nachtdienst. Auf Befehl des Hauptmanns.«

»Und was war heute Morgen, während der Suche nach den verschwundenen Wächtern?«, fragte jetzt Khepri. »Ist dir da irgendetwas aufgefallen?«

»Auch nicht. Immer dieselben alten Felsen, nichts Neues. Da gab's nicht viel zu sehen.«

»Oder vielleicht zu riechen?«, fragte Miu.

»Nicht nach dem Sandsturm von heute Nacht«, antwortete Buu. »Der hat sicher alle Beweise davongeweht. Außerdem bin ich nicht gerade ein Spürhund. Ich bin aufs Sehen abgerichtet. Ich entdecke alles mit den Augen.«

»Das heißt, du hast das Fleisch in der Grabkammer nicht gerochen?«, fragte ich.

Buu leckte sich die Lefzen. »War da Fleisch?«

»Nur ein kleines bisschen«, sagte Miu.

»Gänsefleisch, gewürzt mit Zimt und einem Hauch Kreuzkümmel«, ergänzte ich.

»Hm, hm, hm.« Buu dachte nach. »Klingt wie der Eintopf von unserem großen Fest gestern.«

»Aha!« Khepri glitt auf meiner Nase hinunter und hüpfte auf die Steine. »Das könnte unser Durchbruch sein. Wer hat den Eintopf gekocht?«

»Die Dorfbewohner«, sagte Buu. »Gans mit Zimt und einem Hauch Kreuzkümmel ist eine Spezialität in Set Ma'at. Zu großen Festen wird immer so viel davon gekocht, dass es auch für die Wachleute reicht. Sie bringen es in großen Töpfen hier heraus, und wir leeren sie bis auf den letzten Krümel.«

»Der Eintopf ist also eine Spezialität des Dorfes?«, wiederholte Khepri nachdenklich. »Das würde heißen: Die Täter kamen aus dem inneren Kreis.«

»Stimmt«, gab ich ihm recht, doch dann flüsterte ich ihm zu: »Ist das nicht unlogisch? Sie sind doch von außen in das Grab eingedrungen.«

»Das sagt man so, Ra – aus dem inneren Kreis«, flüsterte Khepri zurück. »Das bedeutet, dass die Räuber Leute aus dem Dorf sind. Nicht solche von der anderen Nilseite oder aus der Wüste.«

»Klingt einleuchtend«, sagte Buu misstrauisch. »Viele Gräber werden von Räubern aus der Nähe ausgeraubt. Die Arbeiter kennen alle Geheimnisse. Sie erinnern sich an die Lage und den Zuschnitt der Gräber, an die Schätze, die darin aufbewahrt werden, und die Fallen. Manchmal versuchen sie sogar, ihre eigenen Gräber, drüben in den Felsen beim Dorf, genauso zu schützen wie die Pharaonengräber. Aber so gut funktioniert das nicht. Wenn sie zum Beispiel Fallgruben bauen, um Diebe zu fangen, dann sind die nie tief genug und die Pfähle nie spitz genug …«

Ich unterbrach Buus melancholische Rede. »Das ist doch großartig.«

»Großartig?«, echote Miu zweifelnd. »Wieso das denn, Ra?«

»Wir haben den Fall so gut wie gelöst«, sagte ich. »Jetzt müssen wir nur noch herausfinden, bei wem noch Eintopf übrig war, und schon haben wir unseren Grabräuber. *Tadah!* Ich wette, zum Nachmittagsimbiss sind wir wieder zurück im Palast.«

»Ganz so leicht wird es vielleicht doch nicht, Ra«, sagte Khepri besorgt.

Armer Khepri! Er ist nun mal von Natur aus jemand, der sich schnell Sorgen macht. Was für ein Glück für ihn, dass er jemanden wie mich hat, der ihn immer wieder aufmuntert.

»Ein Kinderspiel, glaub mir«, sagte ich. »Wir müssen nur zurück zum Dorf.«

Ich blickte mich um und erstarrte. Der Wesir war nirgends zu sehen und auch seine Sänfte nicht.

»Unsere Mitreisegelegenheit«, sagte ich aufgeregt. »Sie ist weg!«

9

Haltet euch von den Gräbern fern

»Stimmt«, sagte Buu und klopfte dabei mit dem Schwanz auf den Boden. »Kurz bevor ihr zu mir gekommen seid, ist der Wesir wieder in seine Sänfte gestiegen. Er wollte zurück nach Set Ma'at. Der Schreiber, Huya und auch der Junge begleiten ihn.«

»Ohne uns?«, fragte ich entgeistert.

»Der Junge hat noch nach euch gesucht, aber er konnte euch nirgends finden. Und der Wesir hatte keine Lust zu warten. Ihr würdet schon alleine den Weg zurückfinden, hat er gesagt.« Buu zeigte mit der Schnauze das Tal hinunter. »Schaut in die Richtung, dann könnt ihr die Sänfte noch sehen.«

Doch die Sänfte war schon so weit entfernt, dass sie

kleiner als einer meiner Zehen aussah. Immerhin war sie überhaupt noch zu sehen.

»Dann kommt!« Ich hob Khepri mit einer Pfote hoch und setzte ihn mir auf den Kopf. »Wir wollen doch unsere Mitreisegelegenheit nicht verpassen.«

Wie der Blitz schoss ich die Felsen hinunter. Meine Pfoten brannten, aber das war mir egal. Wir hatten nur diese eine Möglichkeit, sonst hätten wir den ganzen weiten Weg zurücklaufen müssen.

»Ra, du hast vergessen, dich zu verabschieden«, sagte Miu, als sie in großen Sprüngen hinter uns herkam.

Ich drehte mich schnell um und winkte dem Hund einmal zu. »Danke für die Hilfe!«

»Willkommen zurück, jederzeit!«, heulte Buu uns hinterher. »Vielleicht möchtest du …«

Seine letzten Worte bekam ich schon nicht mehr mit, dafür lief ich viel zu schnell.

»Ra, warte!«, rief Miu.

Ich wurde nicht langsamer, aber trotzdem schaffte sie es, mich zu überholen. »Du hast eine Einladung verpasst«, sagte sie. »Zum Fangenspielen mit ihm, in der Dämmerung.«

»Höchst unwahrscheinlich.« Weiter ging es in großen Sprüngen das Tal hinunter. »Bis dahin bin ich längst wieder im Palast und rühre mich nicht mehr von der Stelle. Da kannst du Gift drauf nehmen.«

»Erst musst du es mal bis Set Ma'at schaffen«, erinnerte mich Miu.

»Ich tue mein Bestes.« Auf einem Felsvorsprung legte ich eine kurze Pause ein, keuchend vor Hitze. Wir hatten die Entfernung zwischen uns und dem Wesir ein Stück verringern können, aber es reichte noch nicht.

»Komm schon«, sagte Miu. »Wenn wir sie einholen wollen, müssen wir einen Schritt zulegen.«

Doch als ich das nächste Mal aufschaute, schien die Sänfte des Wesirs sogar noch weiter entfernt als zuvor.

»Die werden immer schneller«, jammerte ich.

»Ehrlich gesagt glaube ich, dass wir langsamer werden«, sagte Miu. »Das kommt von der Hitze.«

»Ich sorge jetzt dafür, dass ihr schneller werdet«, schrie Khepri. »Vorwärts, Marsch! Eins, zwei, drei, vier, eins, zwei …«

»Ich habe eine bessere Idee, Khepri.« Im selben Moment trat ich auf ein paar spitze Kiesel und zuckte zusammen. »Warum trägst du nicht mich?«

Khepri fand das sehr witzig.

»Ich mach keine Witze.« Die Sonne knallte mir auf

den Kopf wie Schlägel auf eine Trommel. »Glaub mir, ich … kann … nicht … mehr.«

Ich rechnete damit, dass Miu mir klarmachen würde, ich müsse weiterrennen, aber auch sie wurde langsamer. »Ich fürchte, wir brauchen eine Pause«, japste sie. »Nur eine ganz kurze.«

Bevor sie ihre Meinung noch ändern konnte, ließ ich mich auf den Boden fallen. Ich war so erschöpft, dass ich nicht einmal sah, dass direkt neben mir ein Dunghaufen war.

»Na, so was!« Khepri sprang kopfüber hinunter. »Was für ein köstliches Mittagessen! Wenn wir schon eine Pause einlegen müssen, dann ist das ja wohl der perfekte Ort.«

»Also, ich weigere mich, dabei zuzusehen«, sagte ich.

»Mmmmmmm«, schwärmte Khepri. »So ein unglaubliches Aroma! Hund ist das nicht, würde ich sagen, nicht ganz. Irgendwie wilder. Aber genau könnte ich auch nicht sagen, was …«

In dem Moment ertönte von der anderen Seite der Schlucht her ein langes Geheul.

»*Anuuuuuuuuuuuubis!*«

Blitzschnell kletterte Khepri zurück auf meinen Rücken. »Wa-was war das?«

Ich sprang auf. »Ich weiß nicht. Aber ich will stark hoffen, dass du dir die Füße abgewischt hast.«

»Schakale!«, schrie Miu auf. »Da drüben!«

»Unmöglich«, sagte ich, während sie schon an mir vorbeischoss. »Tagsüber jagen die nicht.« Doch als ich einen Blick über meine Schulter warf, sah ich sie: Ein halbes Dutzend dieser wolfsähnlichen Tiere kam in rasender Eile auf uns zu. Ihr Fell schimmerte golden im Sonnenlicht.

»*Anuuuuuuuuubis!*«

Sofort war meine Erschöpfung vergessen, und ich raste hinter Miu her den Hang hinunter. Doch die Wüsten-

gegend bot nirgends Schutz, und schnell genug waren wir auch nicht. Im nächsten Moment hatten die Schakale uns in einer Senke auf dem Weg zurück nach Set Ma'at eingekesselt.

»Anuuuuuuuuubis!«

Wie ein Echo hallte der Schrei aus einem Maul nach dem anderen, gefolgt von hässlichem Gelächter.

»Ich hoffe bloß, die lachen nicht über uns«, flüsterte Khepri.

So nah waren die Schakale, dass ich die dunklen Ränder ihrer funkelnden Augen erkennen konnte. Auf ein Zeichen des Anführers hin schloss sich der Kreis enger um uns herum.

»Haltet euch fern von den Gräääääääääääääbern!«, warnte uns der Anführer.

»Haltet euch fern von den Grääääääääääääääbern!« Alle griffen den Schrei auf.

Miu, die neben mir stand, atmete schwer. Sie sah jetzt nicht mehr ängstlich aus, sondern nur noch wütend.

»Wir wollen doch gar nicht zu den Gräbern«, platzte sie heraus. »Hättet ihr besser aufgepasst, Schakale, dann wäre euch aufgefallen, dass wir auf dem Weg zurück ins Dorf sind.«

»Miu!« Ich berührte sie leicht, um sie zum Schweigen zu bringen, doch sie schüttelte meine Pfote ab.

»Also lasst uns in Ruhe«, beendete sie ihre Rede trotzig.

Der Anführer der Meute entblößte seine scharfen Zähne, die in schwarzem Zahnfleisch saßen. »Du hast mir gar nichts zu befehlen, Katze. Bilde dir nur nichts ein.« Er warf den Kopf zurück und stieß wieder dieses furchtbare Geheul aus. »Hütet euch vor den Schakalen des *Anuuuuuuuuubis*!«

»Anuuuuuuuuubis«, wiederholten die übrigen.

»Was habt ihr eigentlich immer mit diesem Anubis?«, wollte Miu wissen. »Wisst ihr irgendetwas über den Grabraub?«

In den Augen des Anführers blitzte es auf. »Du hast hier keine Fragen zu stellen, Katze.«

»Oh doch«, sagte Miu. »Ich bin nämlich eine Große Detektivin.«

Wieder gab der Oberschakal seiner Meute ein Zeichen, und wieder machte die Meute einen Schritt auf uns zu.

»Das ist nur so ein Spiel von uns!«, sagte ich schnell und bemühte mich, so dumm wie möglich auszuschauen. (Dabei ist es alles andere als leicht für Pharaos Kater, seine angeborene Intelligenz und Klugheit zu verbergen, aber wenn es sein muss, kann er auch das.) »Ihr habt das bestimmt auch schon gespielt. Detektive und Grabräuber? Das machen wir Katzen einfach so, zu unserem Vergnügen. Zusammen mit unserem Käfer.« Ich winkte freundlich mit dem Schwanz. »Aber jetzt sind wir auf dem Weg nach Hause.«

Der Anführer der Meute sah mich scharf an.

»Habe ich erwähnt, dass ich Pharaos Kater bin?«, fügte ich hinzu. »Das bedeutet, dass ich unter seinem Schutz stehe. Ganz zu schweigen von dem der Göttin Bastet. Und dem des Sonnengottes Ra selbst.«

Der Anführer der Schakale sah leicht verwirrt aus. »Pharaos Kater?« Er beriet sich mit seinem Stellvertreter.

»Pharao … Bastet … Ra«, hörte ich sie murmeln. Doch dann sagte der Stellvertreter: »Keine Sorge, Chef, ich habe gehört, dass diese Katze nicht sonderlich schlau ist. Meistens liegt sie nur rum und schläft.«

Ha! Pharaos Kater ist schlauer als der ganze Rest. Fast hätte ich das laut gesagt, aber ich erinnerte mich gerade noch rechtzeitig, dass ich mir vorgenommen hatte, mich dumm zu stellen.

»Nun gut.« Der Anführer gab seiner Meute ein Zeichen, und sie zog sich zurück. »Geh nach Hause, Kätzchen. Und nimm deine Freunde mit. Aber lasst euch hier bloß nicht mehr blicken.« Er reckte die spitze Schnauze zum Himmel »*Auuuuuuuuu!* Haltet euch fern von den Gräääbern!«

»*Auuuuuuuuuu!* Haltet euch fern von den Gräääbern«, echote die Meute.

Wir rührten uns nicht von der Stelle, bis sie alle verschwunden waren. Selbst dann konnten wir sie noch immer von fern hören – wie sie heulten und kicherten und lachten.

»*Anuuuuuuuuuuuuuuubis!*«

»Was für schreckliche Biester!«, sagte Miu zornig. »Für wen halten die sich eigentlich?«

»Also, die Grabräuber können sie jedenfalls nicht

sein«, überlegte Khepri. »Es sei denn, sie sind in der Lage, schwere Steine von der Stelle zu bewegen.«

»Stimmt. Aber irgendetwas wissen sie«, sagte Miu mit einem Blick zurück über die Felsen. »Da bin ich mir ganz sicher.«

»Lasst uns später darüber nachdenken. Im Moment will ich nur zurück nach Set Ma'at.«

Von der Sänfte des Wesirs war inzwischen nichts mehr zu sehen. Miu und ich mussten den ganzen Weg, Schritt für Schritt, auf schmerzenden Pfoten zurücklegen. Khepri gab den Takt vor. Noch nie in meinem ganzen Leben war ich so weit gelaufen.

»So wild ist das wirklich nicht, Ra«, sagte Miu. »Viele Katzen legen jeden Tag solche Strecken zurück.«

»Aber nicht Pharaos Kater«, krächzte ich. Von der Hitze war meine Kehle völlig ausgetrocknet. »Pharaos Kater wird *getragen*.«

Als wir Set Ma'at erreicht hatten, schaffte ich es kaum noch, auf dem Bauch zum Tor in der Mauer hineinzukriechen.

»Bringt mich einfach zurück zum Palast«, flüsterte ich. »Dann will ich nie mehr von Pharaos Seite weichen.«

»Das meinst du nicht ernst, Ra«, sagte Miu.

»Oh doch.« Ich schleppte mich in den Schatten eines Hauses mit weißen Säulen. »Wo ist der Wesir? Ich will nach Hause.«

Aus dem Nichts tauchte auf einmal Sabu auf. Seine grünen Augen leuchteten. »Der Wesir? Wieso, der ist zurück nach Theben.«

»Unmöglich.« Mühsam kam ich auf die Pfoten. »Nicht ohne mich.«

»Er muss über den Grabraub Bericht erstatten«, sagte Sabu.

Ich starrte ihn an. Ich konnte nicht glauben, was er gesagt hatte. »Der Wesir wird großen Ärger bekommen, wenn er ohne Pharaos Kater im Palast erscheint.«

»Oh«, sagte Sabu, »er hat eine Katze dabei. Eine, die geradeso aussieht wie du. Einen Freund von mir. Ich glaube, er freut sich schon auf das Leben im Palast. Neferhotep, der Goldschmied, hat ihm sogar dein Halsband umgelegt.«

»Was?!« Ein Hochstapler stiehlt mir meinen Platz im Palast?

»Sieht ganz so aus, als würdest du hier festsitzen«, sagte Sabu fröhlich.

Im selben Moment fiel ich in Ohnmacht.

10

Gestrandet

Als ich wieder zu mir kam, hüpfte Khepri mir quer übers Gesicht.

»Ra?« Mit einem seiner Vorderbeine tippte er mir auf die Wange. »Ra, geht's dir gut?«

»Wie kann es mir gut gehen?«, stöhnte ich. »Man hat mich durch eine andere Katze ersetzt! Und in dieses lausige Dorf verbannt …«

»Pssssst!« Miu zuckte mit den Ohren, um mich zu warnen.

Ich blinzelte und sah Sabu, der neben Miu stand. Anscheinend hatte er jedes Wort gehört, denn er sah tief gekränkt aus.

Ich versuchte langsam zurückzurudern. »Ich meine, es ist bestimmt nett hier, wenn man in Set Ma'at aufgewachsen ist …«

»Viel besser als in irgendeinem protzigen Palast«, knurrte Sabu. »Und so was nennt sich Katze! Echte Katzen schlafen nicht auf goldbestickten Kissen.«

Ich kam auf die Füße. »He! Ich schlafe gar nicht auf goldbestickten Kissen. Goldfäden sind viel zu piksig …«

»Jetzt reicht's.« Miu stellte sich zwischen uns. »Benehmt euch, alle beide.«

»Ich habe gerade eben mein Heim verloren. Für immer.« Niemals würde ich es durch die Wüste bis nach Theben schaffen, selbst wenn der Nil nicht im Weg wäre. »Ich habe das Halsband verloren, das Pharao mir geschenkt hat. Und meine Leibspeisen. Mein köstliches, einzigartiges, allein für mich zubereitetes Essen.«

»Wirklich traurig«, sagte Miu. »Aber du wirst es überleben. Und es wird auch nicht für immer sein, Ra.«

»Das stimmt«, piepste Khepri. »Pharao lässt sich nicht täuschen, Ra. Er lässt sich keine Ersatzkatze vorsetzen. Er schickt den Wesir auf der Stelle zurück, um dich zu holen.«

»Meinst du wirklich?«, fragte ich.

Sabu zuckte auf Katzenart mit den Schultern, doch Miu rieb sich tröstend an mir. »Aber sicher, Ra«, sagte sie. »Ganz sicher kommt der Wesir zurück. Vielleicht nicht sofort. Aber ganz bald.«

Khepri lehnte sich an mein Ohr. »Schließlich gibt es keine zweite Katze wie dich. In ganz Ägypten nicht.«

»Allerdings.« Schlagartig besserte sich meine Laune. »Pharao kann gar nicht ohne mich sein. Nicht lange jedenfalls.« Wenigstens hoffte ich das.

»Genau genommen ist es ja direkt ein Glück, dass wir gestrandet sind«, fuhr Khepri fort. »Jetzt haben wir wenigstens die Chance, den Fall zu knacken.«

Ein Glück? So weit würde ich nun wieder nicht gehen. Aber ganz daneben lag Khepri auch nicht.

»Dann sollten wir uns mal an die Arbeit machen«, sagte ich. »Der Wesir kann jeden Moment zurückkommen, und sobald er hier auftaucht, bin ich weg. Also müssen wir den Fall sofort lösen.«

»Was für einen Fall?«, wollte Sabu wissen. »Wovon redet ihr da?«

»Das ist ein Geheimnis«, antwortete ich.

»Nein, ist es nicht«, sagte Miu. Sie beachtete meinen Protest gar nicht, sondern erzählte ihrem Cousin alles, was wir bisher herausgefunden hatten. »Es muss also jemand aus dem Dorf gewesen sein«, beendete sie ihren Bericht. »Wir wissen nur noch nicht, wer. Deshalb könnten wir deine Hilfe gut brauchen.«

Sabu legte den Kopf neugierig zur Seite. »Das heißt, ihr wollt versuchen, diesen Fall zu lösen? Warum überlasst ihr das nicht den Menschen?«

»Das geht nicht«, sagte Miu. »Die haben keine der Spuren bemerkt.«

»Aber wir sind Große Detektive«, piepste Khepri stolz. »Wir bemerken alles.«

»Große Detektive?« Sabus Schwanz wedelte hin und her, was immer ein Zeichen von Interesse ist. »Das klingt nach einem Posten, der mir passen würde.«

»Wir sind schon genug Detektive«, sagte ich. Doch als Miu mich zornig anfunkelte, fügte ich widerwillig hinzu: »Aber wenn du uns wirklich helfen willst, dann könnten wir dich wohl als Assistenten anheuern.«

Sabu sah mich an, als könnte er nicht glauben, was er gerade gehört hatte. »Assistent, Schönpfote? Ich bin niemandes Assistent. Ich bin ein Anführer. Sucht eine andere Katze, die euch hilft.«

Mit hoch erhobenem Kopf stolzierte er davon.

Schönpfote, schon wieder! Was für eine Unverschämtheit! Doch als ich mich bei Miu beschweren wollte, sagte sie: »Ra, hör auf, immer Ärger zu machen. Wir brauchen ihn. Er ist hier der Anführer. Ich wette, keine einzige Katze in Set Ma'at wird mit uns sprechen, wenn er es nicht erlaubt.«

Hm … Daran hatte ich noch gar nicht gedacht.

Miu schaute immer noch auf Sabus ärgerlich gereckten Schwanz. »Wir sollten besser hinter ihm hergehen, bevor er ganz verschwindet. Aber dieses Mal, Ra, überlass mir das Reden.«

»Gute Idee«, stimmte Khepri ihr zu.

Als wir Sabu eingeholt hatten, fütterte Bek ihn gerade wieder aus der Hand. Also ehrlich, wie dieser Kater speiste! Aber fiel es ihm vielleicht ein, etwas zu teilen? Nein.

Als er uns entdeckte, drehte er den Kopf weg und lehnte ihn gegen Beks Knie.

»Der Schreiber sagt, niemand darf das Tal der Könige betreten, bevor der Wesir nicht zurückgekehrt ist«, sagte Bek gerade zu Sabu. »Deshalb können wir heute nicht an Pharaos Grab weiterarbeiten. Aber so habe ich wenigstens mehr Zeit für dich …«

»Bek.« Ein untersetzter Mann kam eilig auf den Bildhauer zu. »Ich muss mit dir reden.«

Der Mann war Neferhotep, der Goldschmied, derjenige, der mein Halsband weggegeben hatte. *Oh, diese kleinen Perlen, die bei jedem Schritt mit leisem Klingeln aneinanderschlugen!* Ich fuhr die Krallen aus.

»Es geht um die Skulptur, die du für meine Grabstätte machen wolltest. Ich hab es mir überlegt: Sie soll größer werden.« Neferhotep streckte seine rastlosen Hände aus, um zu zeigen, wie groß. Im grellen Sonnenlicht funkelten die Ringe an seinen Fingern. »Doppelt so groß, genau gesagt.«

Bek streichelte Sabu noch einmal übers Fell, dann richtete er sich zu seiner vollen Größe auf. »Bist du sicher, Neferhotep? Es wird viel länger dauern und dreimal so viel kosten.«

»Mach dich nicht lächerlich.« Mit

einem seiner beringten Finger tippte er Neferhotep auf die Brust. »Das Doppelte, mehr zahl ich dir nicht.«

»Das würde die Kosten nicht decken«, erklärte Bek geduldig. »Ein größerer Stein ist viel teurer – und zwar schon bevor ich überhaupt angefangen habe, ihn zu behauen. Aber vielleicht können wir uns gütlich einigen. Komm mit zu mir nach Hause, dann reden wir darüber.«

Während er und Neferhotep sich entfernten, kam Kenamon aus einer engen Gasse und folgte den Männern. Ich machte Khepri darauf aufmerksam.

»Vielleicht geht er nach Hause«, schlug Khepri vor.

»Oder er will diese Ringe an Neferhoteps Fingern aus der Nähe betrachten«, sagte ich. »Ich könnte schwören, der hat jetzt noch mehr Ringe an den Fingern als bei unserer Ankunft. Vielleicht kommt einer von ihnen aus Setnakhts Grab.«

»Wenn ja, dann wäre es ziemlich blöd von ihm, ihn so zu tragen, dass jeder ihn sehen kann«, sagte Khepri. »Jetzt mach mal halblang, Ra. Es stimmt zwar, Neferhotep hat dein Halsband einer anderen Katze umgelegt, aber deswegen ist er noch lange kein Verbrecher.«

»Und ob er das ist«, knurrte ich. »Jedenfalls hat er

schon mal mein Halsband gestohlen, damit ging's los.«

Ich setzte mich in den Schatten, und Khepri glitt zwischen meine Pfoten. Hinter uns ging Miu auf Sabu zu.

»Cousin, es tut mir so leid!« Sie sprach mit ihrem süßesten Geschnurre. »Ra wollte dich nur necken. Er weiß doch auch, dass du ein geborener Anführer bist. So wie wir alle das wissen. Wer könnte schon daran zweifeln? Ist doch klar, wer hier in Set Ma'at das Sagen hat, nämlich du. Und wir brauchen deine Hilfe.« Sie neigte den Kopf vor ihm. »Bitte, Cousin, möchtest du unser Partner sein?«

Sabu schien hin- und hergerissen. Bei uns Katzen ist die Verbindung unter Cousins und Cousinen sehr eng. Selbst wenn es sich um siebte Cousins um zwei Ecken herum handelt.

»Schau«, sagte er zu Miu. »Ich will dir gerne helfen. Aber von diesem hochmütigen Palastkater nehme ich keine Befehle an, das ist mein letztes Wort.«

Dann eben nicht.

Doch Miu fuhr fort mit ihrem hinreißenden Geschnurre. »Du musst auch keine Befehle von ihm entgegennehmen. Du und ich können zusammenarbeiten. Ich könnte dir helfen, aus den Dorfkatzen eine Detektiveinheit zu machen. In so etwas bist du doch richtig gut!«

Sabu leckte ihr Lob dankbar auf. »Da hast du recht. Ich wäre großartig.« Er warf mir einen kurzen Blick über die Schulter zu. »Vielleicht könnte ich *ihm* Befehle erteilen.«

»Schluss jetzt, es reicht.« Ich kam mühsam auf die Pfoten. »Niemand gibt Pharaos Kater Befehle. Khepri und ich werden unsere eigenen Nachforschungen anstellen. Vielen Dank.«

»Ach ja?«, sagte Khepri.

Ich sah ihn an. »Oh ja.«

»Wir können uns später treffen und unsere Beobachtungen vergleichen«, sagte Miu im Versuch, Frieden zu schaffen.

»Ja.« Sabus grüne Augen leuchteten, als würden sie lachen. »Dann werden wir feststellen, wer hier in Wirklichkeit der Große Detektiv ist.«

11

Dreckiges Viech

Nur mit Mühe und Not habe ich es geschafft, mich aus dem Staub zu machen, ohne einen wütenden Zweikampf vom Zaun zu brechen. Aber Pharaos Kater weiß, wie man sich würdevoll benimmt. So schlich ich auf wunden Pfoten durch die enge Hauptstraße von Set Ma'at. Khepri saß oben auf meinem Kopf.

Erst als ich mir ganz sicher war, dass Sabu uns nicht mehr sehen konnte, blieb ich stehen.

»Hast du das gehört?«, fauchte ich. »Sabu legt es auf einen Wettbewerb an. Er hält sich für einen besseren Detektiv als mich.«

»Das ist vielleicht gar nicht so schlecht«, sagte Khepri. »Falls es bedeutet, dass er sich besonders anstrengt.«

»Großer Detektiv! Meine Pfote! Der kann es einfach

nicht ertragen, nur Assistent zu sein.« Ich fauchte noch immer vor Wut. »Dem werde ich es zeigen. Noch bevor der Wesir zurückkommt, um mich zu holen, werde ich diesen Fall knacken – lange davor.«

»Wir knacken ihn zusammen«, erinnerte mich Khepri. »Wo fangen wir an? Bei Neferhotep?«

»Nein.« Keine Sekunde musste ich über meine Antwort nachdenken. »Zu dem kommen wir später. Wir fangen ganz oben an.« Welch besseren Ort konnte es auch für Pharaos Kater geben? »Wir befragen als Erstes das vornehmste Tier von ganz Set Ma'at.«

»Du meinst Sabu?«, fragte Khepri. Er klang nicht überzeugt.

»Natürlich nicht«, sagte ich missmutig. »Sabu kann sich aufspielen, so viel er will – wir wissen, wer hier wirklich das vornehmste Tier ist.«

»Und wer?«

Lag das nicht auf der Hand? »Nun, derjenige, der im Dorf das Sagen hat, ist der Schreiber. Also ist sein Lieblingstier das vornehmste Tier im Dorf. Er hat es ja sogar von Kenamon malen lassen. Erinnerst du dich? Diese – wie hieß sie noch?«

»Menwi?«, sagte Khepri.

»Genau.«

»Was für eine Sorte Tier mag sie wohl sein?«, überlegte Khepri.

»Ein elegantes, zweifellos. Bei dem Namen.« Die ursprüngliche Menwi war eine bedeutende Dame am königlichen Hof gewesen. »Ich tippe mal auf eine Katze von bester Abstammung. Möglicherweise aber auch ein Affe oder ein Falke.«

Khepri schaute die dicht bebaute Straße hinunter. »Und was glaubst du, wo sie lebt?«

»Ach, das ist ganz einfach. Wir suchen einfach nach dem größten Haus im Dorf. Für den Schreiber ist nur das Beste gut genug.«

Khepri überlegte noch einmal. »Dann gibt es bei ihm ja wohl auch das beste Essen, oder?«

Manchmal kann Khepri richtig schlau sein. »Noch ein Grund, immer ganz oben anzufangen, lieber Freund.«

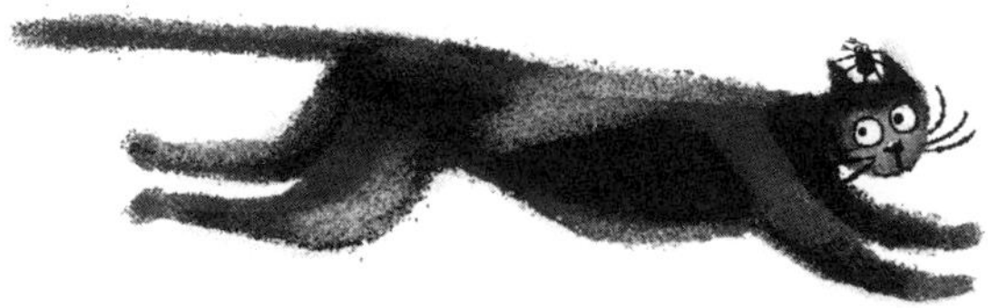

Am Ende mussten wir nur der Nase nachgehen, um die Haustür des Schreibers zu finden. Bei ihm als dem Vorsteher des Dorfes gab es natürlich die feinsten Speisen.

»Hier ist es, Khepri.« Mir wurde ganz schwindlig im Kopf vom Duft nach Kreuzkümmel und Entenbraten. Im Palast wäre das nichts Besonderes, aber hungrig, wie ich war, störte mich das nicht.

Mit großen Sätzen sprang ich auf die Eingangsstufen zu. Im selben Moment näherte sich auch der Schreiber dem Haus, zusammen mit Huya, dem kräftigen jungen Zimmermann. Beide schienen ins Gespräch vertieft, sprachen aber ganz leise, und als der Schreiber mich sah, brach er mitten im Satz ab. »Kusch!«

»Ich bin Pharaos Kater«, miaute ich beleidigt.

»Weg da, kusch!« Der Schreiber zielte mit seinem tintenfleckigen Stab nach mir und verpasste nur knapp meinen Schwanz. Ich heulte auf.

»Hört auf, Herr! Das ist Pharaos Kater.« Kenamon eilte an meine Seite.

Erleichtert, endlich einen Verteidiger zu haben, drehte ich mich zum Schreiber um. *Da siehst du wohl!*

»Mach dich nicht lächerlich, Junge«, höhnte der Schreiber. »Pharaos Kater ist mit dem Wesir zurückgereist.«

»Aber der hier ist der, den ich gezeichnet habe, Herr. Ich bin mir ganz sicher. Er hat sogar einen Käfer auf dem Kopf …«

»Vermutlich hat er Ungeziefer am ganzen Körper«, unterbrach ihn der Schreiber. »Ein Streuner ist das, Junge. Sieh ihn dir doch nur an.«

»Aber …«

»Stiehl mir nicht die Zeit, Kenamon. Du und deine Familie, ihr habt mir heute schon genug Ärger eingebracht. Siehst du nicht, dass Huya und ich wichtige Dinge zu besprechen haben?« Der Schreiber wandte sich seinem Begleiter zu. »Huya, warte hier draußen, dann bring ich dir … äh … « Nach einem kurzen Blick auf Kenamon senkte er wieder die Stimme. »Also, warte einfach hier draußen«, fuhr er fort. »Und pass bloß auf, dass dieses dreckige Viech mir nicht ins Haus kommt. Nicht, dass er alles einsaut und vielleicht sogar Menwi belästigt.«

»Sehr wohl, Schreiber.« Huya stieß Kenamon mit dem Ellbogen aus dem Weg und baute sich breitbeinig vor mir auf.

»Für wen hält sich der Schreiber eigentlich, dass er mich dreckig nennt?«, schimpfte ich. »Er hat doch selbst die Finger voller Tinte.«

»Ja«, sagte Khepri unsicher. »Aber …«

»Aber was?«

»Na ja, der Ausflug zu den Gräbern hat dir nicht gerade gutgetan, Ra. Ich sage es nur ungern, aber du bist nicht derselbe wie vorher.«

Zum ersten Mal seit unserer Rückkehr betrachtete ich mich selbst aufmerksam. Mein Hinterteil war mit Staub bedeckt, mein Schwanz zerzaust, und an meinen Pfoten klebte Lehm. Und das war nur das, was ich sehen konnte.

»Das ist nicht gut.« Es lief mir kalt den Rücken hinunter. »Selbst wenn der Wesir zurückkommt – so erkennt er mich doch nie.«

»Natürlich erkennt er dich«, sagte Khepri, eine Spur zu munter. »Wir müssen dich einfach wieder sauber machen, das ist alles.«

Kaum war der Schreiber in seinem Haus verschwunden, holte Huya aus, um mir einen Tritt ins Hinterteil zu versetzen. »Weg mit dir, du dreckiger Streuner!«

Ich machte mich davon, bevor sein Fuß mich traf.

Kenamon folgte mir. Als wir an einem sicheren Ort waren, beugte er sich zu mir herunter und hielt mir eine Hand hin. Er schien sich nicht daran zu stören, wie dreckig ich war. »Tut mir leid, Pharaos Kater. Der Schreiber hätte dich nicht so behandeln dürfen und Huya auch nicht. Aber so sind sie fast allen gegenüber. Ehrlich gesagt glaube ich, die beiden könnten …«

»Kenamon, mit wem redest du da?« Pentu, der Maler, kam um die Ecke. An seinen Händen sah ich Flecken von rötlicher Farbe, sein gelbliches Gesicht war zerfurcht vor Sorge. »Ach so, nur eine Katze.«

Kenamon erhob sich und stellte sich vor mich, als wollte er mich beschützen. »Vater, das ist Ra, Pharaos Kater.«

»Pharaos Kater?« Pentu sah nur mein staubiges Fell. »Du hast viel Fantasie, Kenamon.«

»Man hat ihn irgendwie hier zurückgelassen«, beharrte Kenamon. »Er braucht dringend Wasser und etwas zu fressen.«

»Kenamon, du weißt, wir können es uns nicht leisten, eine Katze durchzufüttern. Nicht einmal Pharaos Kater. Wobei ich stark bezweifle, dass er das ist.«

»Aber hast du nicht gesagt, dass es uns bald wieder besser geht …?«

Wieder sah Pentu alarmiert aus. »Still.«

Wenn Menschen »still« sagen, dann wissen Katzen, sie müssen besonders gut hinhören. Ich spitzte meine Ohren, fest entschlossen, mir kein Wort von dem, was jetzt kommen würde, entgehen zu lassen.

12

Geheimnisse und Überraschungen

»Das Thema ist erledigt.« Pentus Stimme war kaum mehr als ein Flüstern. »Hast du mich verstanden?«

»Ich begreife nur nicht, warum wir über all das nicht sprechen dürfen«, murmelte Kenamon.

»Schweigen ist Gold.«

»Aber heute Morgen, da hast du selbst gesprochen. Laut und deutlich, direkt zum Wesir.«

»Du siehst ja, wie viel Ärger uns das eingebracht hat.« Pentu seufzte. »Kenamon, lass die Katze jetzt in Ruhe und komm mit. Neferhotep will mit dir sprechen. Es geht um ein Gemälde für eine der Wände seiner Grabkammer.«

Schon wieder dieser Neferhotep? Da kam der Goldschmied auch schon auf uns zu. Ich zeigte ihm die Zähne.

Kenamon sah seinen Vater überrascht an. »Hattest du nicht gesagt, er könnte sich unsere Preise nicht leisten?«

Neferhotep hatte seine Worte gehört. Er blieb vor Kenamon stehen und schlang die Finger umeinander. »Dein Vater und ich, wir sind zu einer Absprache gekommen.«

»Eine Absprache?« Unsicher sah Kenamon seinen Vater an. »Wie sind die Bedingungen?«

Pentu wich dem Blick seines Sohnes aus.

»Das muss dich nicht interessieren«, sagte Neferhotep. Auch jetzt zuckten seine Finger, so schnell, dass die Ringe immer wieder mit einem leisen Klingeln aneinanderstießen. Ich schlich näher heran, um diese Ringe aus der Nähe zu betrachten. Konnte einer von ihnen einst Setnakht gehört haben? »Die Sache ist die: Dein Vater und ich haben uns darauf geeinigt, dass du ein Porträt von mir auf eine Wand meines Grabes malen wirst. Komm jetzt mit, dann erzähle ich dir genau, was ich mir vorstelle.«

Er wandte sich ab und machte Kenamon und Pentu ein Zeichen, dass sie ihm folgen sollten. Als Pentu losging, fiel ihm ein schmaler Binsenpinsel aus der Schärpe.

Seufzend hob Kenamon ihn auf, dann beugte er sich zu mir herunter und flüsterte: »Ich muss mitgehen, aber warte hier auf mich. Sobald ich kann, bringe ich dir Wasser. Und Essen auch, falls ich etwas auftreiben kann.«

Nach diesen Worten lief er davon und ließ mich mit Khepri allein. »Hast du das gehört?«, fragte Khepri.

»Das mit dem Essen? Natürlich!« Eine Bemerkung zum Thema Essen würde ich doch nie überhören.

»Das meine ich nicht, Ra. Pentu hat zu Kenamon gesagt, es würde ihnen bald besser gehen. Aber Kenamon soll mit niemandem darüber sprechen. Offenbar hat er irgendein merkwürdiges Abkommen mit Neferhotep geschlossen. Ziemlich verdächtig das Ganze, oder?«

»Finde ich nicht«, sagte ich, obwohl ich ein ungutes

Gefühl hatte. »Du kannst diesem netten Jungen unmöglich so ein Verbrechen zutrauen.«

»Ich dachte eher an den Vater«, sagte Khepri. »Vielleicht weiß Neferhotep, dass er der Grabräuber ist, und erpresst ihn damit. Aber es kann natürlich sein, dass der Junge mit drinsteckt. Im Grab hat er sich schon reichlich merkwürdig benommen. Er hat uns ganz genau beobachtet und schien alles zu bemerken, aber ...«

»Er ist ein Künstler«, sagte ich. »Und Künstler müssen nun mal aufmerksam sein für Dinge. Deswegen ist er noch lange nicht schuldig. Außerdem hat er mir Essen versprochen, erinnerst du dich?«

Khepri ließ sich auf meine Nase fallen. Er sah ärgerlich aus. »Es dreht sich doch nicht alles ums Essen, Ra.«

Ungläubig schaute ich ihn an. »Und ob, Khepri, worum denn sonst?«

Khepri kletterte seufzend zurück auf den Platz zwischen meinen Ohren. »Ich vermute mal, wir können niemanden ernsthaft beschuldigen, solange wir keine ausreichenden Beweise haben.«

»Also, sobald Kenamon mir etwas zu essen gebracht hat, können wir losziehen und welche suchen«, sagte ich.

»Kenamon hat gesagt, er wird *versuchen*, dir was zu

bringen, mehr nicht. Das heißt nicht, dass es auch so kommt. Jedenfalls können wir nicht herumsitzen und auf ihn warten. Wir sind Große Detektive, und wir haben einen Fall, um den wir uns kümmern müssen.«

Khepri hatte ja recht. Aber es musste mir noch lange nicht gefallen.

»Also, wo waren wir?« Khepri trommelte mit den Füßen auf mein Fell. »Ach ja. Du wolltest Menwi befragen, das Haustier des Schreibers. Und ich gebe dir recht: Das könnte wirklich nützlich sein. Ich bin also dafür, dass wir unser Glück an der Hintertür des Schreibers versuchen.«

Normalerweise betritt Pharaos Kater ein Haus nie durch die Hintertür. Aber Große Detektive können es sich nicht leisten, so kleinlich zu sein. Mit Khepri als meinem Stadtführer raste ich durch kleine Gassen und drückte mich durch enge Öffnungen hindurch, bis wir schließlich einen engen Hof hinter dem Haus des Schreibers erreichten.

»Siehst du diesen Schuppen da?«, murmelte Khepri, als wir auf der Mauer balancierten. »Möglich, dass Menwi dort lebt.«

»In einem Schuppen vor der Küche? Also im Ernst, Khepri. Keine Katze aus vornehmer Familie …«

In diesem Moment kam der Schreiber mit einem Napf in der Hand zur Hintertür heraus. »Menwi, mein Liebling, Zeit für dein Mittagessen!«

Grunzend und quiekend kam ein gewaltiger rosaweißer Berg aus dem Schuppen hervor. Ein Berg mit einer platten Schnauze und einem Ringelschwänzchen.

Schockiert sah ich Khepri an. »Menwi ist ein Schwein?«

»Das größte, das ich je gesehen habe«, sagte Khepri ehrfürchtig.

»Aber das weiß doch jeder, dass Schweine mit den Mächten des Chaos im Bunde stehen«, sagte ich. »Niemand hält sich ein Schwein als Haustier.«

»Der Schreiber anscheinend doch«, sagte Khepri. »Hör doch nur, wie er mit ihr spricht!«

»Wer ist das klügste Tier in ganz Ägypten?« Der Schreiber schickte Menwi einen Kuss durch die Luft. »Ganz richtig, das bist du, mein Liebling.« Dann leerte er den Inhalt des Napfs in einen Trog. »Würziger Gänsebraten für dich, meine Süße. Und dazu noch ein paar andere Leckereien.«

»Gänsebraten?«, flüsterte Khepri mir ins Ohr. »Gewürzt mit Zimt und Kreuzkümmel? Um was sollen wir wetten?«

Dasselbe hatte ich auch gerade gedacht.

Menwi schnüffelte am Trog.

Der Schreiber kraulte sie hinter den Ohren. »Ich wünschte, ich könnte ein bisschen bei dir bleiben, Liebste, aber ich muss dem Wesir zuvorkommen.« Im Gehen warf er ihr mit der Hand noch ein paar Küsse zu. »Bis ganz bald, mein Liebling.«

»Ein Schwein bekommt Luftküsse von ihm, aber Pharaos Kater darf sein Haus nicht betreten?« So eine Ungerechtigkeit! Darüber kam ich nicht hinweg. »Das war's. Ich geh nach Hause.«

Doch dann fiel mir ein, dass ich gar kein Zuhause mehr hatte. Irgendeine andere Katze hatte mir meinen Platz weggenommen. Alles, was ich hatte, war dieses Dorf.

Khepri hüpfte wieder von meinem Kopf hinunter, um das Schwein besser beobachten zu können. »Ich glaube, wir sollten mit ihr sprechen, Ra. Falls sie wirklich das klügste Tier in ganz Ägypten ist, dann kann sie uns vielleicht helfen.«

»Für mich sieht sie nicht besonders klug aus«, sagte ich.

»Jedenfalls ist sie dahintergekommen, wie man es zu reichlichem Essen bringt«, bemerkte Khepri.

Schon verstanden.

»Na schön«, sagte ich. »Reden wir mit ihr.«

»Gut. Außerdem riecht es hier so lecker.«

»Aber lange halten wir uns hier nicht mehr auf«, fügte ich hinzu.

»Dann mal los.« Khepri wollte wieder auf mich hüpfen, doch in der Aufregung schoss er übers Ziel hinaus. Schnell streckte ich eine Pfote aus, um ihn aufzufangen, doch stattdessen fielen wir beide hinunter in den Hof.

Wir landeten in etwas Weichem.

Etwas Stinkendem.

Etwas Matschigem.

»Dung!«, schrie Khepri entzückt.

»Dung!«, schrie ich entsetzt.

Ich sprang auf und fand mich Schnauze an Schnauze mit Menwi.

13
Menwi

»Du meine Güte, wen haben wir denn da?« Menwi sprach mit dem Akzent einer hochwohlgeborenen Dame – gut erzogen, kultiviert und ganz dezent amüsiert.

Verdreckt und stinkend, wie ich war, holte ich alles hervor, was mir an Würde noch geblieben war, und nahm die altehrwürdige Pose der Göttin Bastet ein. »Darf ich mich vorstellen, Verehrteste? Pharaos Kater, der Mächtige Ra, Herr der kraftvollen Pfote. Stets zu Euren Diensten.«

(Das mit den Diensten meinte ich nicht so wörtlich. Das sagt man nur so unter Aristokraten.)

Mit ihren kleinen Kugelaugen musterte Menwi mich von oben bis unten. »Nun, wer immer du sein magst, jedenfalls klingst du nach königlichem Geblüt.

Noch nie habe ich eine Katze mit so elegantem Auftreten gesehen – aber auch noch nie eine, die so voller Schlamm ist. Wirklich, man könnte dich fast für ein königliches Ferkel halten.«

Khepri sprang mir bei. »Aber er ist tatsächlich Pharaos Kater. Er hat nur einen Pechtag heute.«

»Den schlimmsten, den man sich denken kann«, vertraute ich der Dame an. »Ich musste durch Gräber kriechen und durch Wüsten laufen. Ich wurde von Schakalen gejagt und von Menschen getreten. Und seit ich den Palast verlassen habe, hatte ich nicht das kleinste bisschen mehr zu essen.«

»Du bist hungrig?« Menwi sah mich entsetzt an. »Aber das ist ja schrecklich.« Sie wies mit der Schnauze auf ihren Trog. »Viel ist nicht mehr da, aber du bist herzlich eingeladen. Und dieser … äh … dein Gefährte ebenso.«

»Danke schön«, sagte Khepri fröhlich, »aber ich habe bereits gegessen.«

»Erspar mir die Erinnerung«, sagte ich. Mit einer

vollendeten Verneigung vor Menwi sagte ich: »Es ist mir eine Ehre, aber es würde mir nicht im Traum einfallen, einer Dame das Essen wegzunehmen.«

»Wie überaus höflich.« Menwi betrachtete mich anerkennend. »Aber im Ernst, hier ist mehr, als ich zu mir nehmen könnte. Der Schreiber ist immer so großzügig. Solltest du also deine Meinung ändern, bitte sehr.«

»Nein, nein«, murmelte ich. »Zu gütig.« Ich wollte sie nicht kränken, schließlich versuchten wir gerade, uns gut mit ihr zu stellen, aber so weit wollte ich mich doch nicht erniedrigen, dass ich die Reste aus einem Schweinetrog aß. Unauffällig schlich ich an dem Trog vorbei. Falls dort gewürztes Gänsefleisch sein sollte, dann konnte ich es vor lauter Gestank nicht entdecken.

Aber Moment mal: Konnte es sein, dass es in dem ganzen Mischmasch nach Ente roch?

Hmm, dachte ich. *So ein kleines bisschen Entenbraten wäre schon schön.* »Nun, vielleicht einen kleinen Happen …« Mit diesen Worten steckte ich meinen Kopf in den Trog.

Ein großer Fehler! Tatsächlich stieß ich auf Entenbraten – doch der hatte seine besten Zeiten längst hinter sich. Außerdem lag er zwischen fauliger Melone und abgestandener Soße. Und diese Soße klebte jetzt an meinem Fell.

Würgend ging ich zu Menwis Wassernapf.

»Das nenne ich einen vornehmen Appetit«, sagte Menwi besorgt. »Bist du sicher, dass du satt geworden bist?«

»*Uaaah* … Ja … Danke.« Ich zerteilte ein Stück Ente und schob es mit der Pfote beiseite, in der Hoffnung, Menwi würde es nicht bemerken.

»Nun, nachdem du also gespeist hast, erzähl mir doch bitte mehr über dich, Mächtiger Ra. Was bringt eine königliche Katze wie dich nach Set Ma'at?«

»Ich bin hier, um der Gerechtigkeit zu dienen«, sagte ich.

»Wir beide sind dafür hier«, warf Khepri ein.

Gemeinsam erzählten wir Menwi vom Grabraub.

»Die Räuber müssen also aus unserem Dorf kommen?« Mit einem lauten Platschen ließ Menwi sich neben mir im Schlamm nieder. »Was für ein Schock, dass Set Ma'at in etwas so Schändliches verwickelt sein sollte. Aber ich kann es nicht leugnen, die Sitten hier sind nicht mehr dieselben wie einst. Und jetzt auch noch ein Grabraub … ts, ts, ts! Was ist nur aus der Welt geworden.«

»Du wärest also bereit, uns zu helfen?«, fragte ich. (Ich ging nun auch zum Du über.)

Sie schlug die Augen mit den blassen Wimpern auf. »Aber selbstverständlich.«

»Dann erzähl mir alles, was du über Neferhotep weißt«, bat ich.

»Ra«, warnte Khepri, »so machen Große Detektive das aber –«

»Du meinst den Goldschmied Neferhotep?«, unterbrach ihn Menwi. »Wenn es hier je einen Dieb gegeben hat, dann ihn.«

»Ein Dieb!«, wiederholte ich. »Hast du das gehört, Khepri?«

»Also, er hat dem Schreiber ein Vermögen abverlangt dafür, dass er ihm den Verschluss einer Goldkette repariert hat«, fuhr Menwi fort. »Und als der Schreiber sich geweigert hat, mehr als einen vernünftigen Preis zu zahlen, sagte Neferhotep, er würde sich das, was ihm zusteht, schon vom Schreiber holen, so oder so. Das klang nach einer Drohung.« Wieder machte sie *ts, ts, ts*. »Ich fürchte, er ist alles andere als ein netter Mensch. Er hat sogar behauptet« – und nun senkte sie die Stimme –, »ich würde *stinken*. Außerdem soll er Beziehungen zu irgendeiner Bande unterhalten.«

»Tatsächlich?«, sagte ich aufgeregt. »Einer Grabräuberbande vielleicht?«

Menwis Äugelchen funkelten. »Gut möglich.«

»Hmmm.« Khepri klang weit weniger begeistert. »Dürfte ich fragen, ob Ihr irgendeinen konkreten Beweis habt, Verehrteste? Habt Ihr vielleicht gesehen, ob Neferhotep sich gestern noch spät aus dem Dorf geschlichen hat?«

»Oh du meine Güte, nicht doch«, sagte Menwi. »Ich achte nicht auf das Kommen und Gehen gewöhnlicher Handwerker. Außerdem begebe ich mich immer zu einer vernünftigen Uhrzeit zu Bett.« Mit einem vornehmen kleinen Schnarcher fügte sie hinzu: »Eine Dame braucht nämlich ihren Schönheitsschlaf.«

»Natürlich«, sagte Khepri galant, aber ich sah ihm an, wie enttäuscht er war. Ich selbst war es auch. Wir hatten nichts gegen Neferhotep in der Hand.

»Das Problem ist, dass der Fall wieder völlig offen ist«, erklärte Khepri unserer Gastgeberin. »So weit könnte jeder Bewohner von Set Ma'at der Räuber gewesen sein.« Er fing an, Runden um Menwis Wassertrog zu drehen. »Das Einzige, was wir mit Sicherheit wissen, ist, dass irgendwer durch die Mauer im verlassenen Grab von Thutmosis dem Zweiten in das Grab von Setnakht eingedrungen ist, das gleich daneben liegt. Eine andere Möglichkeit gibt es nicht. Und wir wissen, dass es jemand aus dem Dorf gewesen sein muss, wegen der Indizien, die wir dort gefunden haben.«

»Das gewürzte Gänsefleisch«, murmelte ich wissend.

»Dann war es wohl aller Wahrscheinlichkeit nach einer der Arbeiter an den Grabstätten«, fuhr Khepri fort, »denn die könnten in ihren Pausen die Örtlichkeiten erkunden.«

»Nein, das können sie nicht«, widersprach ihm Menwi. »Der Schreiber achtet sehr genau darauf. Die Wachen haben den Auftrag, die Arbeiter streng im Auge zu behalten. Sie werden auf Schritt und Tritt begleitet – auf dem Weg hinauf zu den Gräbern und auch in den Gräbern selbst. Einfach überall. Die Männer dürfen auch nicht alleine Pause machen, und wann immer sie die Baustelle verlassen, werden sie durchsucht. Anschließend werden sie noch einmal durchsucht, bevor sie nach Hause gehen, nach Set Ma'at.«

Ich nickte. Davon hatte ich gehört. »Das Ganze ist

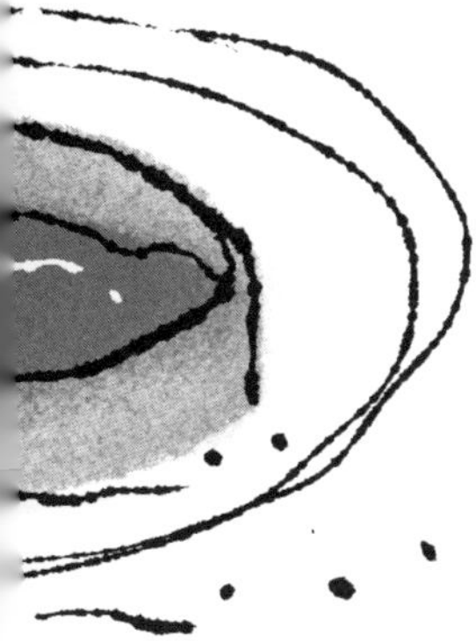

eine Hochsicherheitsangelegenheit, Khepri.«

»Aber wenn sie so genau überwacht werden, wie konnte dann jemand den Weg in Setnakhts Grab entdecken?«, überlegte Khepri. »Irgendjemand hat ihn nämlich gefunden. Das wissen wir mit Sicherheit.«

»Was ist mit den Dieben, die vor ein paar Jahren das Grab von Thutmosis dem Zweiten geplündert haben?«, schlug ich vor. »Vielleicht haben sie damals den Zugang entdeckt und sind jetzt gekommen, um noch mehr zu stehlen.«

»Nein«, sagte Menwi langsam, und ihr Ringelschwänzchen kringelte sich zu einer Spirale. »Jener Raub, von dem du sprichst, geschah vor zwei Jahren, und ich erinnere mich, was der Schreiber mir damals erzählt hat. Die Diebe wurden noch in derselben Nacht gefasst, da hatten sie ihre Beute noch in Säcken bei sich, und es waren ausschließlich Schätze aus dem Grab von Thutmosis dem Zweiten. Sonst nichts. Im Übrigen wurden sie hingerichtet.«

»Dann können sie es wohl dieses Mal kaum gewesen sein«, murmelte Khepri.

»Und wenn Anubis sie aus dem Jenseits zurückgebracht hat?« Meine Schnurrhaare zitterten, als mir das ganze Ausmaß dieses Gedankens klar wurde. »Versteht ihr? Das passt perfekt. Tote Grabräuber halten schließlich keine Mauern auf.«

»Sei nicht albern, Ra«, sagte Khepri. »Das Grab wurde von lebenden Menschen ausgeraubt. Denk doch nur an die Essensreste, die wir gefunden haben, die waren doch ganz frisch. Und ich bin mir ganz sicher, dass diese Steinblöcke von Menschenhand bewegt wurden.« Er seufzte. »Wir wissen nur nicht, wer's war. Ich fürchte, wir stecken fest.«

»Nicht ganz«, sagte Menwi.

14

Bezaubernd!

»Nicht ganz?«, wiederholte Khepri.

»Nun, die Räuber waren nicht die Einzigen im Grab von Thutmosis dem Zweiten«, erklärte Menwi. »Der Schreiber hat mir erzählt, dass die Diebe ein Loch in die Decke gemacht haben, durch das sie in das Grab eingedrungen sind. Weil der Eingang anschließend nicht mehr versiegelt werden konnte, wurde das Grab aufgegeben. Die Diebe haben zwar versucht, alles niederzubrennen, doch einzelne Stücke haben das Feuer heil überstanden. Deshalb schickte der Schreiber eine Handvoll Männer ins Grab, um zu retten, was zu retten war. Da wir aber nicht mehr Wachleute haben als unbedingt nötig, könnte ich mir vorstellen, dass diese Männer nicht so genau überwacht wurden wie üblich.«

»Aha!« Jetzt wurde es spannend. »Und wer waren die Männer, die zu diesem Trupp gehörten?«

Menwi zog die Schnauze kraus, als könnte sie so ihrem Gedächtnis auf die Sprünge helfen. »Ich muss überlegen. Vom Schreiber weiß ich, dass er Huya, den Zimmermann, und Neferhotep, den Goldschmied, geschickt hat. An dem Tag gab es nämlich an der Baustelle für sie nicht viel zu tun. Ach ja, Pentu, der Maler, war auch dabei.«

Kenamons Vater? Das gefiel mir gar nicht.

»Sonst noch jemand?«, fragte ich hoffnungsvoll.

Menwi klappte ein Ohr über eins ihrer Augen. »Sonst niemand.«

»Und was ist mit dem Schreiber?«, fragte Khepri. »Musste er nicht selbst zum Grab von Thutmosis dem Zweiten gehen, um die Arbeiten zu überwachen? Bei der Gelegenheit hätte er leicht den Weg in das Grab von Setnakht finden können.«

Menwi erstarrte. »Willst du damit andeuten, dass mein Schreiber ein Verbrecher ist?«

»Nein«, sagte Khepri. »Ich wollte nur …«

»Nämlich, wenn ich das annehmen müsste«, fuhr Menwi fort, »dann würdet ihr keine weitere Hilfe von mir bekommen.« Sie schnaubte empört. »Wenn ich's mir recht überlege, halte ich unser Gespräch auch für beendet.«

Khepri sah sie merkwürdig an. »Tatsächlich? Könnte es nicht vielleicht sein, dass Ihr …«

»Psst!« Ich versuchte ihn zum Schweigen zu bringen.

Doch Khepri redete einfach weiter. »… zu heftig …«

Was konnte ich sonst noch tun? Ich legte eine Pfote auf ihn. Ganz sanft.

»… protestiert«, beendete er seinen Satz, doch durch mein Fell kam das letzte Wort nur noch ganz gedämpft heraus.

»Verehrteste«, sagte ich zu Menwi, während Khepri weiterstammelte. »Es ist wohltuend zu sehen, dass es das noch gibt in unserer Zeit, solche Treue und Loyalität. Aber ich bin sicher, dass mein Freund Khepri nur wissen wollte, ob der Schreiber vielleicht irgendwelche wertvollen Indizien entdeckt haben könnte.«

Die Dame ließ sich schnell besänftigen und sagte: »Nein, alles war in guter Ordnung. Es gab keinen Grund, einen der Männer zu verdächtigen. Aber wenn ihr mich fragt, dann würde ich diesen Neferhotep genauer unter die Lupe nehmen. Erwähnte ich schon, dass sein Onkel ein Grabräuber war?«

Ein weiterer Schlag gegen Neferhotep!

»Steht er seinem Onkel sehr nah?«, wollte Khepri wissen.

»Nicht mehr. Sein Onkel wurde vor langer Zeit hingerichtet«, sagte Menwi. »Vor vielleicht zehn Jahren? Aber solche Dinge setzen sich in der Familie fort, wisst ihr. Und natürlich sollte man vielleicht auch ein Auge auf Huya halten. Er spielt sich in letzter Zeit ziemlich auf, und sein Bruder ist der Hauptmann der Wache. Möglich, dass sie zusammenarbeiten.« Sie unterdrückte ein Gähnen. »Aber jetzt müsst ihr mich entschuldigen. Es wird Zeit für mein Nachmittagsnickerchen.«

Ein Nickerchen – das klang gut. Während Menwi elegant zu ihrem Schuppen tänzelte, hatte ich große Mühe, mich nicht einfach auf die Seite fallen zu lassen und einzuschlafen.

Khepri jedoch war hellwach. »Diese Geschichte mit Neferhoteps Onkel, Ra, der müssen wir auf den Grund gehen. Außerdem müssen wir mehr über Huya und den Hauptmann der Wache herausbekommen.« Schon krabbelte er wieder an mir hoch. »Komm schon, wir machen weiter mit unseren Nachforschungen.«

»Schon gut, schon gut.« Ich sprang wieder auf die Mauer. »Aber ich wette, ich könnte viel mehr herausfinden, wenn ich schnell ein kurzes Ründchen schlafen dürfte.«

»Jetzt willst du schlafen?«, zirpte Khepri entsetzt. »Ra, wir sind mitten in einem wichtigen Fall.«

»Nur ganz kurz.« Ich schritt auf der Mauer entlang, die die Rückseite mehrerer Häuser verband. »Schau doch mal in diesen Hof da, Khepri. Den mit dem Sonnensegel. Das wäre doch der perfekte Ort für ein Schläfchen.«

»Nein, Ra.«

Ich sprang hinunter. »Wie still es hier ist! Schau doch, wie bezaubernd: ein Miniaturtempel! Und sogar eine kleine Grabstätte –«

»Geh weg, du dreckige Katze!« Das war die Stimme eines kleinen Kindes, direkt hinter mir. »Weg da, dreckige Katze!«

Ich machte einen Satz zur Seite, aber es war zu spät. Ein ganzes Rudel winziger Menschen umringte mich.

Ich habe genug Zeit mit Pharaos Kindern verbracht, um zu wissen, was als Nächstes geschehen würde. Und tatsächlich packte mich der Mutigste von ihnen mit beiden Händen. Aber was er dann sagte, war etwas ganz Neues für mich.

»Kommt, wir stecken die Katze ins Grab!«

Pharaos Kater beißt nie ein Kind, aber diesmal war ich stark in Versuchung.

»Lass mich runter!«, miaute ich. »Sofort!«

Das Kind hob mich hoch, dann ließ es mich in das offene Grab fallen. Khepri klammerte sich weiter an meinem Kopf fest.

»Und jetzt versiegeln wir es!«, rief der Junge.

Der Deckel der Grabstätte knallte zu.

Wir saßen in der Falle.

15

Gefangen im Grab

»Aufmachen!«, miaute ich den Kindern zu. »Auf der Stelle!«

Khepri kletterte an den Wänden hoch. »Die hören nicht auf dich, Ra. Ich glaube nicht einmal, dass sie dich hören können. Dieses Grabmodell ist aus Stein.«

»Dann muss ich eben lauter miauen.« Ich gab mein Bestes. »Genug ist genug, Kinder! Hier spricht Pharaos Kater. Holt mich hier raus.«

Khepri zirpte mir direkt ins Ohr.

»Und den Käfer auch!«, fügte ich hinzu.

Nichts geschah, außer dass mir auffiel, wie dunkel es war. Und wie still.

»Ich glaube fast, sie sind weggegangen«, sagte Khepri. Ich

reckte mich und versuchte den Deckel des Grabes anzuheben, doch er bewegte sich kein bisschen von der Stelle. Genauso war es mit den Wänden.

»Solide Arbeit«, sagte Khepri. »Ich fürchte, wir sitzen hier fest.«

»Großartig.« Ich ließ mich wieder auf den gefliesten Boden sinken. »Wie lange wird uns die Luft hier unten reichen?«

»Ich weiß nicht«, sagte Khepri, »aber eine Weile wird es vermutlich schon noch gehen.«

»Du vermutest? Khepri, es geht um Leben und Tod. Da reicht eine Vermutung nicht.«

»Mehr habe ich nicht zu bieten«, zirpte er. »Aber sieh's mal von der positiven Seite: Immerhin kannst du jetzt ein Schläfchen halten.«

»Wie kann ich denn schlafen, wenn ich weiß, dass ich jederzeit ersticken kann?«

Schon bei dem Gedanken daran wurde mir ganz schwindlig im Kopf. Ich versuchte uns mit dem Schwanz etwas von der kostbaren Luft zuzufächeln. »Liegt es an mir, oder kann man hier wirklich kaum atmen?«

»Wenn du nicht schlafen kannst, können wir ja weiter über den Fall diskutieren«, sagte Khepri.

»Khepri, ich kann jeden Moment sterben! Und da willst du über irgendwelche Nebensächlichkeiten diskutieren?«

»Große Detektive lassen sich nie von ihrem Fall ablenken«, sagte Khepri. »Also, ich weiß, dass Menwi nicht über den Schreiber und seinen Besuch im aufgegebenen Grab reden wollte …«

»Hör mir auf mit Gräbern«, warnte ich ihn. »Das eine hier reicht mir völlig.«

»Ra, jetzt sei vernünftig …«

»Ich *bin* vernünftig«, maunzte ich. »Wenn man in einem Grab gefangen ist, dann ist es sehr vernünftig, Panik zu bekommen!«

»Ra, bitte beruhige dich.«

»Und was, wenn wir hier unten sterben, Khepri? Was, wenn Anubis kommt, um unsere Seelen zu wiegen?«

Auf einmal hob sich das Dach des Grabes, und etwas stürzte sich auf uns.

»Das ist Anubis!«, schrie ich auf. »Hütet euch vor den Göttern!«

Doch das war kein Gott, der die Arme nach uns ausstreckte. Es war Kenamon.

»Mächtiger Ra? Es tut mir so leid.« Der Junge hob

mich heraus und setzte mich sanft am Boden ab. Khepri klammerte sich an meinem Schwanz fest. »Meine kleine Schwester hat mir erzählt, was passiert ist, und ich bin sofort gekommen, um euch zu befreien.«

Seine kleine Schwester hatte mich also in dieses Grab gesperrt?

»Sie hat es nicht böse gemeint«, fuhr Kenamon fort. »Und sie war auch nicht diejenige, die dich hier reingeworfen hat. Aber ich habe ihr und den anderen klargemacht, dass sie nie wieder eine Katze so behandeln dürfen. Und dich schon gar nicht.«

Er drehte sich um, und ich bemerkte erst jetzt das kleine Mädchen hinter ihm. Wie die meisten kleinen Kinder war sie völlig unbekleidet, und bis auf eine lange Seitenlocke war ihr Kopf kahl rasiert – doch sie hatte dieselben wachsamen, sorgenvollen Augen wie Kenamon und sein Vater.

»Ist schon gut, Isesu.« Kenamon legte tröstend einen Arm um seine Schwester. Zu mir sagte er: »Isesu tut es schrecklich leid.«

Das sollte es auch, dachte ich. Doch Isesu sah so traurig aus, dass mein Ärger schmolz. Sie schien mir nicht viel älter als Pharaos jüngste Tochter. Außerdem hatte sie schließlich Kenamon alles erzählt – und mich somit gerettet. Also konnte ich ihr ja wohl vergeben.

Isesus Augen leuchteten wieder auf, und sie streckte eine Hand nach mir aus. »Ich will das Kätzchen haben.«

Ich tat einen Sprung rückwärts. So weit ging meine Bereitschaft zu verzeihen nun auch wieder nicht. »Du kannst den Kater nicht haben«, sagte Kenamon mit fester Stimme. »Er gehört dem Pharao.«

Isesu schmollte. »Ich will aber.«

»Vielleicht haben wir irgendwann eine Katze«, sagte Kenamon. »Aber nicht diese. Eine andere.«

»Wenn wir reich sind«, sagte das Mädchen fröhlich. »Sind wir jetzt reich, Kenamon?«

»Still!« Kenamon zog seine Schwester an sich. »Vater will nicht, dass wir über Geld reden.«

Isesu riss sich los. »Dann spiel mit mir!«

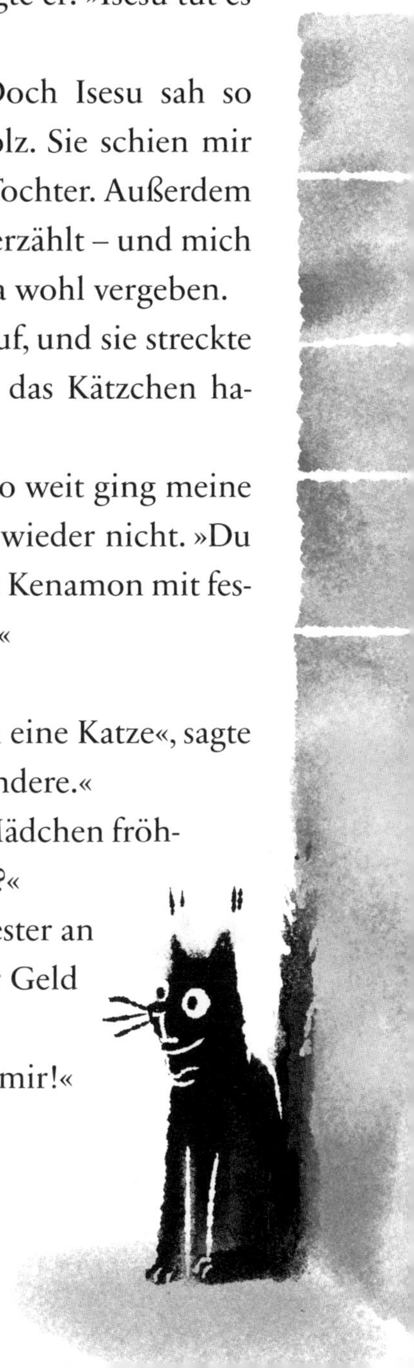

»Gleich.« Kenamon stellte einen Becher vor mich, mit einer winzigen Portion von etwas, das stark nach würzigem Gänsefleisch roch. »Das ist alles, was ich von meinem eigenen Essen abzweigen konnte, ohne dass mein Vater etwas gemerkt hat«, erklärte er mir. »Aber du kannst es gerne haben, wenn du möchtest. Und in dem Trog an der Wand ist Wasser.«

»Kenamon? Isesu?« Das war Pentu, der nach den Kindern rief. Gleich darauf erschien er in der Tür.

»Wo seid ihr?«, rief er mit ängstlicher Miene.

»Hier sind wir!« Isesu lief zur Tür.

»Ich muss gehen«, murmelte Kenamon.

Im nächsten Moment war er auch schon zur Tür hinaus, und ich machte mich über das Gänsefleisch her. Tatsächlich, es schmeckte nach Zimt – und einem Hauch Kreuzkümmel.

»He!« Miu war auf einmal oben auf der Mauer auf der Rückseite des Hofs aufgetaucht und sprang zu uns herunter. »Wie ich sehe, hast du etwas zu essen gefunden, Ra.«

»Miu!« Ich war so froh, sie zu sehen, doch dann erschien dieser Grünauge oben auf der Mauer.

»Oh«, sagte ich, schon weniger begeistert. »Und wie ich sehe, hast du deinen Cousin bei dir.«

»Wir haben einen unglaublichen Durchbruch geschafft.« Miu war so aufgeregt, dass sich sogar ihr eingerissenes Ohr gerade aufstellte. »Sabu ist tatsächlich richtig gut als Detektiv.« Sie gab uns ein Zeichen, ihr zu folgen. »Kommt mit. Wir haben euch viel zu erzählen.«

»Ich bin mir nicht so sicher, ob ich Lust habe zu reden«, murmelte ich, während Khepri schon auf mich kletterte. Doch schließlich setzte ich mich in Bewegung und folgte Miu zum Nachbarhaus, wo Sabu schon einen Platz unter einer Palme reserviert hatte.

»Sieh mal einer an, wen dieser Mistkäfer da anschleppt«, sagte er gedehnt, als ich näher kam. Dann fing er meinen Geruch auf. »Puuuuh! Ist das wieder eins von deinen eleganten Palastparfüms? Riecht ganz nach Schwein.«

»Still, Sabu«, sagte Miu. »Erzähl ihnen lieber, was wir herausgefunden haben.«

»Dank meiner Armee von Katzeninformanten«, sagte Sabu, »konnten wir die Zahl der Verdächtigen deutlich eingrenzen.«

»Wir auch«, verkündete ich. »Für uns bleiben nur noch Huya, der Zimmermann, Neferhotep, der Goldschmied, und der Schreiber.«

»Und Pentu, der Maler«, fügte Khepri hinzu und sprang mir zwischen die Pfoten. »Man kann ihn nicht ausschließen.«

»Obwohl es höchst unwahrscheinlich ist«, sagte ich zu Miu. »Wusstet ihr, dass Neferhoteps Onkel ein Grabräuber war?«

»Was nicht heißen muss, dass Neferhotep auch einer ist«, warf Khepri schnell ein.

»Aber es macht es wahrscheinlicher«, sagte ich.

Khepri war nicht einverstanden. »Es leuchtet mir überhaupt nicht ein, wieso jemand …«

»So spielt ihr Detektive?« Sabu zuckte ungeduldig mit den Ohren. »Ihr verbreitet erst wilde Anschuldigungen und streitet dann darüber?«

»Das sind keine wilden Anschuldigungen«, verbesserte ich ihn. »Und wir *spielen* auch nicht Detektive. Wir *sind* Detektive. Große Detektive. So haben wir das alles auch nur rausgefunden.«

Ich überließ es Khepri, den beiden die Einzelheiten unseres Gesprächs mit Menwi mitzuteilen.

Sabu guckte verblüfft.

»So viel zum Thema wilde Anschuldigungen«, sagte ich. Pharaos Kater war vielleicht eingedreckt, trotzdem war er kaum zu schlagen.

»Wahnsinn«, sagte Miu. »Ihr habt ja eine ganze Menge herausgefunden.«

»Für einen Großen Detektiv ein Kinderspiel«, sagte ich. »Und ihr? Was habt ihr zwei herausgefunden?«

»Jede Menge«, sagte Sabu und ließ ein leises Knurren hören.

Miu strich ihm mit der Pfote über die Flanke, um ihn zu beruhigen. »Wir haben am anderen Ende begonnen, um herauszufinden, wer in der Nacht des Grabraubs wo war. Zum Glück haben wir Sabu, der sämtliche Katzen aus dem Dorf zusammengerufen hat. Er hat ganze Arbeit geleistet.«

Das Kompliment schien Sabu zu beruhigen. »Es ist einfach eine Frage der Autorität. Ich habe ihnen erklärt, dass wir für jedes Alibi zwei Zeugen brauchen. Und alle mussten zu mir kommen, um Bericht zu erstatten.«

»Nimm zum Beispiel Sabus Menschen, Bek«, erklärte mir Miu. »Sabu kann bezeugen, dass Bek letzte Nacht zu Hause war, und die Gans von nebenan kann es bestätigen. Sie sagt, Bek habe so geschnarcht, dass ihre Gänschen die ganze Nacht nicht schlafen konnten.«

»Wir Katzen haben selbst letzte Nacht gefeiert«, sagte Sabu. »Was die Dinge komplizierter macht. Aber ein kluger Anführer bekommt die Dinge auch so geregelt.«

»Wir konnten also die Gruppe der Verdächtigen auf wenige eingrenzen, und es waren dieselben, auf die ihr auch gekommen seid«, sagte Miu. »Pentu, der Maler, Huya, der Zimmermann, Neferhotep, der Goldschmied, und der Schreiber. Sie alle haben gewürzten Gänsebraten zum Fest beigesteuert, und keiner von ihnen hat ein wasserdichtes Alibi für die späte Nacht.«

Ein eindrucksvolles Stück Arbeit. Vielleicht hatte Sabu es doch verdient, unser Assistent zu sein.

Doch dann sagte er etwas zu Miu, was mich komplett verwirrte. »Du hast vergessen, Kenamon zu erwähnen, Pentus Sohn. Er hat auch kein Alibi.«

»Also wirklich, Sabu«, sagte ich. »Für einen Grabräuber ist er noch viel zu jung.«

»Wenn er alt genug ist, in den Grabstätten zu arbeiten, dann ist er auch alt genug, um sie auszurauben«, sagte Sabu. »Außerdem kann es sein, dass er seinem Vater geholfen hat.«

»So viel zum Thema wilde Anschuldigungen«, sagte ich.

Wieder zuckte Sabu ärgerlich mit den Ohren. »Ich hab gesagt, der Vater des Jungen ist ein Verdächtiger, und der Junge selbst hat kein Alibi. Das ist keine Anschuldigung. Das ist nur eine Tatsache. Und da wäre noch etwas.«

»Noch etwas?« Das gefiel mir gar nicht.

Sollte ich mich in Kenamon und seinem Vater getäuscht haben?

16

Verdächtigungen

Ich schaute auf meine Pfoten, während Sabu berichtete, wodurch Pentu und Kenamon sich in seinen Augen verdächtig gemacht hatten.

»Jeder hier weiß, dass Pentus Familie dringend Geld braucht, um ihre Schulden zu bezahlen«, sagte Sabu, »und Miu hat mir erzählt, wie merkwürdig Kenamon sich in der Höhle benommen hat. Außerdem hat eine meiner Katzen heute Morgen einen Streit zwischen dem Jungen und seinem Vater mit angehört. Sie hat zwar nicht alles verstanden, aber auf jeden Fall ging es darum, ein Geheimnis zu bewahren.«

Oh, oh. Ich hatte ein ungutes Gefühl. »Vermutlich nur irgend so ein Familienknatsch«, sagte ich zu den anderen. »Wir sollten da nicht zu viel hineingeheimnissen.«

Sabu kniff die grünen Augen zusammen, doch bevor er etwas sagen konnte, kam Miu ihm zuvor. »Ra, du musst doch zugeben, dass Pentu sich verdächtig gemacht hat – und Kenamon vielleicht auch. Aber wir alle sollten auch daran denken, dass wir noch weitere Verdächtige haben: Neferhotep, Huya und den Schreiber.« Sie schaute ihren Cousin fragend an. »Sabu, was weißt du über den Schreiber?«

»Also, dass er im Grab von Thutmosis dem Zweiten war, das ist glasklar, egal, was Menwi sagt«, begann Sabu. »Es gehört zu seinen Aufgaben, Grabraub zu untersuchen und darüber Bericht zu erstatten. Ob der Bericht allerdings ganz ehrlich war, das ist eine andere Frage.«

Bei diesen Worten horchte Khepri auf. »Heißt das, du hältst den Schreiber für nicht vertrauenswürdig?«

»Ich habe gehört, dass er sich schon mal bestechen lässt«, sagte Sabu. »Außerdem sagen die Leute, er und der Wesir seien die dicksten Freunde. Solche zum Pferdestehlen.«

»Das ist nur so ein Ausdruck«, protestierte Khepri.

»Vielleicht aber auch nicht«, sagte Miu. »Ich meine, schaut euch doch mal an, wie nachlässig die beiden die Nachforschungen betreiben. Der Schreiber und der

Wesir überschlagen sich nicht gerade, um diesen Fall zu lösen. Erst wollten sie das Grab gar nicht öffnen, und dann haben sie diese ganze Anubisgeschichte einfach so geschluckt, ohne nachzufragen. Sie versuchen doch nicht einmal, andere Erklärungen zu finden.«

»Gutes Argument!« Khepri klopfte mit einem Bein auf den Boden, gerade so, als würde er die ganze Geschichte noch einmal durchgehen.

Dabei war es gar nicht nötig, mit Logik an die Sache heranzugehen. Es lag doch auf der Hand, was geschehen war.

»Die beiden stecken unter einer Decke«, erklärte ich den anderen. »Ihnen war klar geworden, dass sie das Grab leichter zu zweit ausrauben. Vor allem, wenn einer von ihnen der Oberste Befehlshaber der Wache ist.«

»Ich glaube schon, dass ein Mensch das auch alleine schaffen könnte«, warf Khepri ein. »Er muss nur stark genug sein. Diese Steinblöcke saßen ziemlich lose.«

»Nein, nein, die beiden stecken zusammen da drin«, sagte ich. »Das sagt mir mein Instinkt.«

»Ich bin mir nicht sicher, ob ich so weit gehen würde«, sagte Miu. »Wir haben nicht den kleinsten Beweis –«

Ungeduldig schlug ich mit dem Schwanz auf. Um

Beweise konnten wir uns später immer noch kümmern. »Ich habe doch gleich gesagt, dass der Wesir nichts Gutes im Schilde führt, oder, Khepri?«

»Ich hab gedacht, du kannst ihn nur einfach nicht leiden«, sagte Khepri.

»Ich hatte meine Gründe, Khepri. Im Ernst, ein Mann, der Katzen so behandelt wie er, ist eine ernste Gefahr. Und der Schreiber ist keinen Deut besser. Aber wir haben sie im Blick. Uns entkommen sie nicht mehr.«

»*Falls* sie schuldig sind«, warf Khepri wieder ein. »Du weißt, wir haben noch andere Verdächtige. Hattest du nicht Neferhotep für den Schuldigen gehalten?«

»Ich hatte mich noch nicht festgelegt«, sagte ich. »Inzwischen hatte ich Zeit, mir alles, was wir wissen, durch den Kopf gehen zu lassen, und deshalb denke ich, dass es der Schreiber und der Wesir waren.«

»Also, ich lege mich in keiner Richtung fest«, sagte Khepri. »Nicht, bis wir weitere Beweise gefunden haben.« Er dachte einen Moment nach. »Sabu, haben deine Katzen letzte Nacht sonst irgendetwas bemerkt? Zum Beispiel jemanden, der über die Dorfmauer geklettert ist? Oder irgendwo herumgelaufen ist, wo normalerweise niemand laufen sollte?«

»Nein«, sagte Sabu. »Wir haben uns umgehört, aber niemand hat etwas Ungewöhnliches gesehen.«

»Viele der Katzen haben gestern Nacht selbst gefeiert, und das macht die Sache nicht einfacher«, fügte Miu hinzu. »Außerdem war da noch dieser Sandsturm kurz vor Morgengrauen. Der hat alle Gerüche ausgelöscht, sodass es uns auch nicht geholfen hat, überall herumzuschnüffeln.«

»Zu dumm.« Khepri zirpte enttäuscht. »Was ist denn nun mit dem Schatz? Der Dieb muss ihn doch irgendwo versteckt haben. Vielleicht suchen wir erst einmal *danach*.«

»Ich habe meinen Katzen bereits den Befehl erteilt, danach zu suchen.« Sabu hörte sich in diesem Moment sehr überlegen an. »Ich habe ihnen gesagt, zuallererst sollten sie sich Pentus Haus vornehmen, aber der jagt uns immer davon. Verdächtig, nicht wahr?«

»Also mich wollte der Schreiber auch nicht in sein Haus lassen«, sagte ich. »Ist doch verdächtig, oder?«

»Nicht, wenn eine Katze so verdreckt ist wie du«, sagte Sabu.

Mir sträubte sich das Fell. »Ist es ein Wunder, dass ich so aussehe? Dieses ganze Dorf ist ein einziges Dreckloch.«

»Hast du was gegen meine Heimat gesagt?« Sabu machte einen Katzenbuckel, und sein Fell sträubte sich. »Ich habe langsam genug von deinen Beleidigungen, du kleiner Palastfuzzi.«

»Wie kannst du es wagen, so mit Pharaos Kater zu sprechen?«, sagte ich empört.

Mit einem Satz war Miu zwischen uns, und Khepri hüpfte hinterher, was wirklich mutig von ihm war, das muss ich zugeben. Schließlich ist er winzig klein, und Sabu und ich bemühten uns gerade beide, so furchterregend wie möglich auszusehen.

»Schluss jetzt, ihr beide«, befahl Miu.

»Sie hat recht«, stimmte Khepri ihr zu. »Wir müssen zusammenarbeiten.«

Langsam gingen Sabu und ich auf Abstand.

»Was meinst du, Sabu, sollen wir mal nachsehen, wie es mit der Suche vorangeht?«, fragte Miu und stellte sich neben ihn. »Ra und Khepri, ihr könntet auch mitkommen und ein paar der anderen Katzen kennenlernen.«

Sabus Bande kennenlernen? »Nein danke«, sagte ich, als Sabu sich erhob, um mit Miu loszuziehen. »Wir gehen eigenen Spuren nach.«

»Ach ja?«, sagte Khepri.

»Ach ja«, sagte ich. »Halt dich gut fest.« Doch kaum war ich über die Mauer gesprungen, schoss ein wütendes graues Untier auf uns zu.

»Schakal!«, schrie ich. Khepri drückte sich tief ins Fell zwischen meinen Ohren.

Doch ich hatte mich getäuscht. Es war kein Schakal. Es war etwas viel Schlimmeres: Buu, der Wachhund. Aufgeregt und mit großen Sprüngen kam er auf mich zu und leckte sich mit seiner großen rosa Zunge die Lefzen. »Hallo, Pharaos Kater! Jetzt habe ich frei. Willst du spielen?«

17

Geht spielen!

»Ähm … nein«, sagte ich zu Buu. »Heute geht's bei mir nicht. Leider.«

»Nicht einmal eine Runde Fangen?«, sagte Buu und sah mich aus seinen dunklen Augen hoffnungsvoll an.

Fangen spielen? Mit einem Wachhund? Lieber nicht.

»Tut mir leid«, sagte ich. »Ich bin im Dienst. Du weißt ja, wie das ist.«

Buu kratzte sich verwirrt am Schädel. »Moment mal – Pharaos Kater muss arbeiten?«

»Er ist ein Großer Detektiv«, zirpte Khepri auf seinem Sitzplatz zwischen meinen Ohren. »Genau wie ich. Deswegen haben wir dir vorhin auch all diese Fragen gestellt, erinnerst du dich?«

»Wegen Gräbern und Spuren und so?« Buu nickte.

»Klar, natürlich erinnere ich mich. Mir war nur nicht klar, dass das eine richtige Arbeit ist.«

»Ist es«, versicherte ich ihm. »Und was für eine. Keine Minute bleibt mir für mich selbst. Nicht einmal zum Spielen. Nie.«

»Ach, das ist ja wirklich Pech.« Buu schüttelte mitleidig den Kopf. »Als der Hauptmann der Wache mich hergebracht hat nach Set Ma'at, habe ich gedacht, wir hätten sicher Zeit für ein Spielchen.«

»Was will der Hauptmann denn hier?«, wollte Khepri wissen.

Wieder kratzte Buu sich am Kopf. »Genau weiß ich das auch nicht. Normalerweise kommt er nie hierher. Aber ich glaube, er wollte seinen Bruder treffen, Huya. Es kommt mir so vor, als hätte der Hauptmann sich über ihn geärgert. Ich habe gehört, wie sie gestritten haben.«

»Worüber denn?«, sagte ich. Auf einmal war ich hellwach. Huya war schließlich einer unserer Verdächtigen.

»Was weiß ich?«, sagte Buu. »Ich meine allerdings, der Hauptmann hätte irgendwas von Geld erzählt.«

»Geld?« Plötzlich war selbst Khepri ganz aufgeregt.

»Aber vielleicht hatte er auch Feld gesagt«, überlegte Buu. »Ich hab nicht so genau hingehört. Es war im Großen und Ganzen eher langweilig. Deswegen habe ich auch nach euch gesucht. Es hat mich so glücklich gemacht, als du heute Morgen mit mir spielen wolltest. Seit dem kleinen Unfall letztes Jahr will nie mehr jemand mit mir spielen.« Wieder wandte er mir diesen hoffnungsvollen Blick zu. »Bist du sicher, dass du nicht spielen kannst? Wenigstens kurz?«

»Nein«, sagte ich schnell. »Ich bin an einem Fall dran.«

»Ach komm schon, Ra, spiel mit deinem Freund«, rief eine Stimme. Ich sah auf und sah Sabu oben auf der Mauer, ein breites Katzengrinsen im Gesicht. Wie lange er wohl schon da saß?

»Hallo, Sabu!« Buu grüßte ihn eifrig. »Wie sieht's aus? Hast du Lust zu spielen?«

»Ich arbeite an einem Fall«, sagte Sabu. »An demselben wie Ra.«

Buu sah ihn voller Respekt an. »Du bist also auch ein Großer Detektiv?«

»Der allergrößte«, versicherte ihm Sabu.

»Wieso das denn? Du hast doch noch keinen einzigen Fall gelöst, du dicker fetter Angeber«, platzte ich heraus.

Aber Sabu sprach noch immer mit Buu. »Aber da ich an dem Fall dran bin, können wir gut auf Ra verzichten. Geht ruhig, ihr zwei, und amüsiert euch gut.«

»Wirklich?« Buus Augen leuchteten. »Das ist ja toll.«

Nachdem Sabu auf der anderen Seite der Mauer verschwunden war, sah Buu mich an. »Hast du das gehört, Ra? Ich geb dir auch einen Vorsprung, und dann komme ich hinter dir her!«

Mit wildem Gejaule schoss ich davon wie einer von Pharaos Speeren. »Das wirst du mir büßen, Sabu!«

Ich sprang senkrecht die Mauer hoch, auf der er eben noch gesessen hatte, aber ich konnte ihn nirgends entdecken.

»He!« Buu scharrte unten an der Mauer. »Das ist unfair, da hochzuspringen, wo ich dich nicht fangen kann.«

»Buu?« Der Hauptmann der Wachleute kam die Gasse hinuntergeschlendert. Er machte ein finsteres Gesicht. Wieder fiel mir auf, wie sehr er Huya glich. »Hierher, mein Junge! Los geht's!«

Buu seufzte, gehorchte aber. »Tut mir leid«, rief er mir noch über die Schulter zu. »Nachher fang ich dich bestimmt.«

»Nicht, wenn ich's verhindern kann«, murmelte ich und ließ mich oben auf der Mauerkrone nieder. Aber eigentlich war ich nicht auf Buu sauer. Er tat nur, was Hunde eben so machen. Sabu hingegen …

»Khepri, kannst du es glauben, wie frech dieser Kater ist? Nennt sich selbst den allergrößten Detektiv, und dann hetzt er mir noch Buu auf die Fersen!«

»Das war wirklich nicht sehr nett«, stimmte Khepri mir zu, hüpfte von meinem Rücken hinunter und setzte sich neben mich auf die Mauer. »Aber ehrlich gesagt, du warst auch nicht nett zu ihm.«

»Warum sollte ich?« Ich schärfte meine Krallen am Stein. »Schönpfote hat er mich genannt! Und Palastfuzzi!«

»Und du hast sein Dorf beleidigt. Vergiss nicht: Wir brauchen seine Hilfe.«

»Er hat schließlich angefangen«, grummelte ich. »Dieser großmäulige Straßenkater.«

Khepri sah mich mit einem langen, strengen Blick an. (Vielleicht hast du noch nie die Augen eines Käfers aus nächster Nähe gesehen. Glaub mir, sie durchbohren dich regelrecht.) »Ra, warum musst du auch wegen jedem bisschen mit Sabu streiten? Warum kannst du nicht etwas großzügiger sein? Du bist Pharaos Kater, aber du benimmst dich wie eine streunende Katze, die sich mit einer anderen um Essensreste streitet.«

Autsch! Jetzt fing sogar schon mein alter Kumpel an, von mir wie von einem Streuner zu denken.

Erschüttert sah ich an mir herunter, und was ich da sah, war wirklich nicht sehr beruhigend. Ich war schmutziger als je zuvor, so ungepflegt, wie ich noch nie eine Katze gesehen hatte. So wie ich aussah, sollte ich mich nicht in den Straßen von Set Ma'at zeigen, geschweige denn in Pharaos funkelndem Palast.

Und wenn Khepri recht hatte, waren die Veränderungen nicht rein äußerlich. Konnte es sein, dass ich meine königliche Anmut verlor?

Nun, damit war alles klar. Mittagsschlaf gestrichen. Ich musste beweisen, dass ich wirklich und wahrhaftig ein königlicher Kater war. Aber wenn Khepri glaubte, dass ich dafür lieb und nett zu Sabu sein würde, dann hatte er sich getäuscht.

Ich hatte einen anderen Plan, einen viel besseren: Ich musste diesen Fall lösen. Dann wäre ich ein Held, der größte aller Großen Detektive, jedermann würde wissen, dass ich Pharaos Kater war, und Sabu wüsste, wo sein Platz ist, ein für alle Mal.

Es gab nur ein einziges Problem. Ich schaute hinunter auf meine zottigen Pfoten.

Wo sollte ich anfangen?

»Ich glaube, ich brauche erst einmal was zu essen«, sagte ich matt.

»Später, Ra.« Khepri, der noch immer am Rand der Mauerkrone saß, spähte hinunter auf die Straße. »Sieh mal, wer da kommt. Neferhotep.«

So war es. Gerade kreuzte sich sein Weg mit dem

von Huya, der ihn böse anglotzte und dann in die andere Richtung davonstapfte.

»Wir müssen uns diese Ringe näher ansehen«, sagte Khepri, als der Goldschmied näher kam.

»Seine Ringe …?«

»Du hast doch gesagt, er hat viel zu viele«, erinnerte mich Khepri. »Du meinst, einer von ihnen könnte aus Setnakhts Grab sein. Jetzt ist die beste Gelegenheit nachzusehen. Wer weiß? Vielleicht trägt er Setnakhts Herzskarabäus unter seiner Tunika.«

Tatsächlich: Neferhotep trug jede Menge Schmuck. Während er näher kam, hörte man schon das Gebimmel. Außerdem sang er – ein kleines Liedchen, das ungefähr so klang: »Ein Mann im Glück, ein Mann im Glück …« Vielleicht lag es an dem Gesinge, jedenfalls wurde mir auf einmal ganz schwindlig. »Mit leerem Magen kann ich unmöglich Nachforschungen anstellen, Khepri.«

»Dann mach ich das!« Und mit einem todesmutigen Schrei schmiss Khepri sich hinunter auf Neferhoteps Glatze.

18

Klatsch!

Im selben Moment, als Khepri auf ihm landete, schrie Neferhotep auf. Er erstarrte, und die vielen Schmuckstücke, die eben noch bimmelten und baumelten, waren auf einmal still.

»Khepri, pass auf!«, rief ich.

Klatsch! Neferhotep schlug sich mit der Hand auf den Kopf, genau dort, wo Khepri gelandet war.

Zum Glück traf er nur sich selbst. Khepri saß bereits auf seiner Schulter.

»Runter mit dir, du grausiges Ding!«, brüllte Neferhotep.

Klatsch! Klatsch! Neferhotep schlug zu, schnell und heftig. Aber Khepri war noch schneller. Er krabbelte auf Neferhoteps Brust hinunter und gleich weiter unter seine Tunika.

Der Mann schrie auf und bückte sich nach einem spitzen Stein.

»Khepri, spring!«, schrie ich. »Der macht dich platt.«

»Noch … nicht … fertig …« In diesem Moment tauchte Khepri aus einem Ärmel auf und klammerte sich eisern an Neferhoteps Handgelenk fest.

Als Neferhotep versuchte, Khepri mit dem Stein wegzukratzen, gab's für mich kein Halten mehr. Ich sprang dem Goldschmied auf die Schultern und legte mich ihm wie ein Pelzkragen um den Hals.

»Hilfe!« Neferhotep ließ den Stein fallen und griff sich an die Brust. »Weg mit euch, ihr abscheulichen Biester!«

»Ich geb dir gleich abscheulich«, murmelte ich, doch Khepri hatte sich inzwischen auf den Boden fallen lassen, und ich folgte ihm.

»Komm an Bord, Kumpel.«

Sobald Khepri festen Halt in meinem Fell gefunden hatte, sprang ich wieder auf die Mauer hinauf, sodass wir erst einmal außer Reichweite waren. Doch weil ich fürchtete, Neferhotep würde wieder nach einem Stein greifen, lief ich schnell auf der Mauer weiter. Als ich zurückschaute, sah ich aber, wie der Mann sich von Bek trösten ließ, der ihm zu Hilfe geeilt war.

»Angegriffen? Von einer Katze und einem Käfer?«, fragte Bek gerade. Er klang verwirrt. »Bist du sicher? Das passt so gar nicht zu einer Katze. So reizende Wesen …«

»Diese jedenfalls nicht.« Neferhotep schüttelte sich. »Dieser Kater ist ein schreckliches Viech, das sag ich dir. Und wie der gestunken hat! Nach totem Tier.« Mit einer Miene, als hätte er Gespenster gesehen, ging er eilig weiter. Kopfschüttelnd folgte ihm Bek.

Nach totem Tier?

Dezent schnüffelte ich an mir selbst. Nun gut, ich roch vielleicht ein bisschen stärker als gewöhnlich. Aber das war noch lange kein Grund, so unhöflich zu werden.

»Sag mir bitte, dass er der Täter ist«, bat ich Khepri.

»Den Herzskarabäus habe ich jedenfalls nicht an ihm gesehen«, sagte Khepri, »und auch sonst nichts, was so aussah, als hätte es einmal einem Pharao gehört. Aber vielleicht habe ich nicht genau genug geschaut.« Er hörte sich noch etwas benommen an. »Es ging alles so schnell.«

Das war wirklich ein Rückschlag. »Vielleicht hat er die Beute bei sich zu Hause versteckt. Das wäre sowieso schlauer.«

»Oder er ist unschuldig«, sagte Khepri. »Wir wissen es einfach nicht, Ra.«

Ich unterbrach meine Wanderung auf der Mauer. »Aber eins weiß ich.«

»Nämlich?«, fragte Khepri.

»Ich brauche etwas zu essen, und zwar jetzt und sofort.«

»He!« Khepri kletterte weiter an mir hoch. »Lass uns noch das Haus nebenan untersuchen.«

»Aber ich hab Hunger«, protestierte ich.

»Unmöglich, Ra. Kenamon hat dir doch eben erst etwas zu essen gebracht. Und dann hast du noch aus Menwis Trog gegessen.«

»Erinner mich bloß nicht.« Allein bei dem Gedanken legten sich meine Ohren flach an. »Nie wieder werde ich Reste essen …«

»Ra, wenn du dich nicht bald in Bewegung setzt, dann entkommt er uns.«

»Wer?«

»Huya, der Zimmermann. Eben hab ich ihn noch nebenan auf der Dachterrasse gesehen. Ich glaube, er wohnt da. Gerade ist er nach unten gegangen.«

»Du glaubst, er versteckt irgendetwas? Einen Schatz zum Beispiel?«

»Könnte sein«, sagte Khepri. »Aber wenn wir jetzt nicht in die Gänge kommen, werden wir es nie wissen.«

»Stimmt.« Es war wirklich nicht leicht, das Hungergefühl in mir einfach zu missachten, doch das Leben eines Großen Detektivs verlangt nun mal Opfer. »Festhalten, Khepri!«

Im nächsten Moment landeten wir auf der anderen Seite der Mauer, im staubigen Hof hinter Huyas Haus – und fanden uns einer wütenden Gans und ihren Küken gegenüber.

»Raus! Raus! RAUS!«, fauchte die Gans. »Aber sofort, sonst ruf ich Sabu von nebenan. Er hat mir versprochen, dass meine Gänschen hier in Sicherheit sind, und wehe, er hält sich nicht daran.«

»Wir tun euch nichts, ganz bestimmt.« Khepri krabbelte hinter meinem rechten Ohr hervor. »Wir haben nur ein paar Fragen.«

Bei seinem Anblick fingen die Küken aufgeregt an zu fiepen.

»Mama, da – ein Käfer!«

»Lecker!«

»Können wir den essen?«

»Später, ihr Süßen, als kleinen Nachmittagsimbiss«,

schnatterte die Gans, »falls er und sein Freund nicht gleich von hier verschwinden.«

»Ach du Schande!« Khepri vergrub sich tief in meinem Fell. »Ra, schaff mich hier raus.«

19
Dumme Gans

»Keine Sorge«, flüsterte ich Khepri zu. »Ich weiß, wie man mit Gänsen umgeht. Man muss ihnen nur zeigen, wer das Sagen hat.«

Khepri kauerte sich hinter mein rechtes Ohr, und ich sprang auf eine kleine Hütte, vermutlich der Gänsestall. Von dort verkündete ich in bestem majestätischem Tonfall: »Ich bin der Mächtige Ra, Pharaos Kater, und dieser Käfer steht unter meinem königlichen Schutz. Wir sind Große Detektive und haben einige Fragen an euch. Ihr müsst mit uns zusammenarbeiten.«

»Für wie blöd hältst du mich eigentlich?« Die Gans klapperte mit ihrem rötlichen Schnabel. »Sieh dich doch an! Pharaos Kater, dass ich nicht lache. Ein aufgeblasener Straßenkater bist du, sonst gar nichts. Ich rufe jetzt Sabu.«

Ich hatte Mühe, auf dem schrägen Dach des Gänsestalls nicht ins Rutschen zu geraten. »Geh doch zu Sabu, wenn du willst. Er wird es dir bestätigen: Ich bin der Herr der kraftvollen Pfote.« Oder würde er mich wieder *Herr Schönpfote* nennen?

Die Gans stand nah genug, um den Zweifel in meinen Augen zu sehen. »Sehr glaubwürdig, deine Geschichte.«

Ich grub meine Krallen in das Stalldach. »Es ist aber die Wahrheit, du dumme Gans!«

»Dumme Gans?« Ihr Hals blähte sich auf. Ein schlechtes Zeichen. »Das sagt man nur so«, sagte ich schnell. Aber es war zu spät.

Sie flatterte mit ihren gestutzten Flügeln und konnte sich gerade hoch genug aufschwingen, um an mich heranzureichen. »Raus mit dir!« Mit ihrem goldenen Schnabel zielte sie direkt auf meinen Schwanz.

»Raaaaaa!«, heulte Khepri.

Ich sprang auf die nächste Mauer.

Inzwischen machte die Gans so ein Geschrei, dass alle Bewohner des Hauses zu uns herausschauten – auch Huya, der diesmal nicht breit grinste, sondern sorgenvoll dreinschaute. Mit unserem Plan, unauffällig sein Haus zu untersuchen, war es jetzt wohl aus.

Aber Pharaos Kater ist keiner, der so schnell aufgibt. »Hör doch«, rief ich der Gans zu. »Ich kämpfe für Gerechtigkeit ...«

In diesem Moment kam Huya aus dem Haus gerannt. Seine kräftigen Muskeln waren nicht nur Angabe. Er bewegte sich pfeilschnell und hatte einen schweren Hammer in der Hand. Er sah noch wütender aus als vorhin, als er Neferhotep auf der Straße begegnet war. »Weg da!«

Jetzt sprang eine wütende Frau aus Huyas Schatten und stieß mit einem Besen nach mir. »Lässt du wohl unsere Gänse in Ruhe, du stinkender Streuner!«

Mist! Der Besen hatte einen langen Stiel. Ich musste zwar tatsächlich dringend gebürstet werden – aber so doch nicht! Mit einem Satz verschwand ich im Hof nebenan.

»Puuuh!«, krächzte Khepri mir ins Ohr. »Ra, wenn du das nächste Mal jemandem zeigen willst, wer das Sagen hat, dann erinner mich vorher daran, dass ich mich rechtzeitig verdrücke.«

»Ich hab's doch noch rechtzeitig rausgeschafft, oder?«

»Auf den allerletzten Drücker«, murmelte Khepri. »Nie wieder will ich einer Gans so nah kommen.«

Ich auch nicht, wenn ich ehrlich bin. Um mehr Abstand zwischen mich und diesen Schnabel zu legen, trottete ich weiter entlang der Grenzmauern. »Sag mir die Wahrheit, Khepri: Stinke ich wirklich?«

»Ach was«, sagte Khepri. »Du riechst toll.«

Doch je länger ich darüber nachdachte, umso weniger beruhigend schien mir seine Antwort. »Willst du damit sagen, ich rieche wie …«

»Ra, schau doch da drüben«, fiel mir Khepri ins Wort. »Kenamon führt irgendwas im Schilde.«

»Kenamon?« Ich drehte mich um und sah aus dem Augenwinkel gerade noch, wie der Junge in einer Lücke zwischen zwei Häusern verschwand und dann an einer Hinterhofmauer hochkletterte, die größtenteils nicht einzusehen war. Er bewegte sich wie eine Katze – eine Katze, die nicht gesehen werden will.

Ein Teil von mir bewunderte ihn ehrlich. Doch der andere Teil war besorgt. Ein Junge, der sich so bewegen konnte, der wäre nicht nur eine gute Katze. Der wäre auch ein guter Dieb.

Täuschte ich mich? War Kenamon tatsächlich der Täter?

»Komm, wir gehen ihm nach«, murmelte Khepri.

Blitzschnell folgte ich dem Jungen quer durch den

Hof nebenan und an der Mauer hoch. Wenn ich ihn dazu kriegen könnte, lange genug stillzusitzen, vielleicht könnte ich ihm dann mit reichlich Geschnurre die Wahrheit entlocken. Ich sagte ja schon, das ist die einzige wirkliche Magie, über die Katzen verfügen. Natürlich funktioniert das am besten bei Menschen, zu denen man eine starke Bindung hat, aber ich fühlte mich Kenamon durchaus verbunden, deshalb war es einen Versuch wert.

»Schneller!«, rief Khepri aufgeregt. »Er entwischt uns!«

So leise, wie er gekommen war, so leise verschwand der Junge aus unseren Blicken. Ich wollte ihm gerade hinterherspringen, als Khepri erschrocken aufschrie. »Ra!«

Ich sah den Backstein weniger, als dass ich ihn hörte, als er mit einem Zischen durch die Luft flog, um mich zu zerschmettern.

20
Nefru

»Was war das?«, sagte ich matt.

»Halt durch, Ra.« Khepris Zirpen klang nicht so fröhlich wie sonst. »Miu ist auf dem Weg.«

Ich sah zwei Mius in rasender Eile auf mich zurennen, dann zwinkerte ich und sah nur noch eine.

»Was ist passiert?« Besorgt hockte sie sich neben mich. »Ich hab überall nach euch gesucht. Aber ich habe nicht gedacht, dass ich dich halb tot in Pentus Hof ausgestreckt finden würde.«

Pentus Hof? Da war ich? Ich zwinkerte noch einmal und erkannte das kleine Grabmodell. Nicht gerade ein tröstlicher Anblick, wenn ich ehrlich sein darf.

»Er kann von Glück sagen, dass er nicht mausetot ist«, sagte Khepri. »Ein Stein kam von oben geflogen und hat uns fast umgebracht.«

»Ich bin gesprungen«, murmelte ich. Langsam erinnerte ich mich wieder. »Gerade noch rechtzeitig.«

»Aber dann ist der Stein an der Mauer zerschmettert, und mehrere Stücke haben dich getroffen«, erzählte Khepri.

Das erklärte den Schmerz in meinem Schwanz. Ich streckte meine Pfoten aus und schüttelte mich, denn ich wollte dringend wieder auf die Füße kommen. »Alles halb so schlimm. Nichts gebrochen.«

Miu seufzte. »Du ziehst Ärger wirklich an, Ra.«

»Ich glaube, dieses Mal hat der Ärger direkt nach ihm gesucht«, sagte Khepri.

»Du meinst, jemand hat den Stein nach *mir* geworfen?« Ich richtete mich langsam auf. *Autsch.*

»Die Häuser hier sind solide gebaut«, sagte Khepri. »Und aus solide gebauten Häusern fallen nicht plötzlich Steine herunter. Abgesehen davon: Wie wahrscheinlich ist es, dass du von einem Stein getroffen wirst, genau in dem Moment, als wir Kenamon hinterherjagen ...«

»Also, der Junge kann es ja nicht gewesen sein«, sagte ich. »Der war da drüben.« Ich wedelte mit dem Schwanz etwa in die Richtung, in der ich ihn gesehen hatte. *Autsch autsch.*

»Aber vielleicht jemand aus seiner Familie«, wandte Khepri ein. »Das Haus hier gehört seinem Vater, und ich glaube, dass der Stein von dem Balkon da oben kam.«

»Sicher ein Unfall«, sagte ich, doch meine Stimme war schwach.

»Oder der Junge hat dich mit Absicht hergelockt, wo du in Gefahr bist«, sagte Khepri.

»Wir bringen dich jetzt erst mal in Sabus Hof«, drängte Miu. »Sabu ist unterwegs mit seinen Katzen, sie suchen nach dem Schatz, aber er wird nichts dagegen haben. Es ist gleich nebenan, da bist du in Sicherheit.«

Sabus Hof schien mir nicht gerade der ideale Ort, um mich zu erholen, aber Miu ließ sich nicht davon abbringen.

»He«, sagte Khepri, als wir in den winzigen Hof kletterten. »Sabu ist ja doch hier. Nein, halt – das ist nur ein Kätzchen.«

So war es: Ein Kätzchen von vielleicht drei Monaten lag zusammengerollt neben einer halb fertigen Statue. Als es uns kommen sah, wollte es gleich davonlaufen.

»Geh nicht weg«, rief Miu. »Wir sind Freunde von Sabu.«

Das Kätzchen zögerte. »Wisst ihr, wo er ist? Ich muss unbedingt mit ihm reden.«

»Er ist auf der anderen Seite vom Dorf und stellt Nachforschungen an wegen eines Grabraubs«, sagte Miu freundlich. »Können wir dir vielleicht helfen?«

»Genau darüber muss ich mit ihm reden.« Das Kätzchen zitterte. »Über den Raub.«

»Du kannst gerne mit mir reden«, sagte Miu. »Ich bin seine Cousine. Das hier ist Pharaos Kater, und …«

»Pharaos Kater?« Das Kätzchen sah mich verwundert an. »Wirklich? Ich dachte, du wärst schon wieder weg.«

»Bin ich nicht«, sagte ich leicht ärgerlich.

Sie betrachtete mich verwirrt. »Aber du siehst nicht aus wie Pharaos Kater. Du bist schmutzig, dein Fell ist ganz zerzaust, und außerdem riechst du wie …«

»Ich arbeite verdeckt«, sagte ich, und jetzt klang meine Stimme noch strenger. Das Kätzchen zog den Kopf ein, und so fügte ich etwas freundlicher hinzu: »Wie heißt du denn, Kleine?«

»Ich bin Nefru«, sagte sie leise. »Ich gehöre zum Haushalt von Neferhotep, dem Goldschmied.«

»Ach ja?« Ich sah die anderen vielsagend an. »Was wolltest du Sabu denn erzählen?«

»Ich hab Anubis gesehen«, sagte Nefru.

Khepri zirpte ungläubig.

»Du hast was?« Ich starrte das Kätzchen groß an.

»Ich hab Anubis gesehen«, wiederholte Nefru. »Gestern Abend. Er ist mitten in der Nacht über die Dorfmauer geklettert.«

»Warum hast du uns das nicht vorher gesagt?«, fragte Miu.

»Weil mir keiner gesagt hat, was überhaupt los war«, sagte Nefru. »Ich bin ja nur ein Kätzchen, versteht ihr? Sonst habe ich es niemandem gesagt, ich hatte viel zu viel Angst. Aber dann habe ich mitbekommen, worüber die anderen Katzen gesprochen haben, und da dachte ich, ich schaue mal besser, ob ich Sabu finde.«

»Woher wusstest du denn, dass es Anubis war, den du gesehen hast?«, fragte ich.

»Er hatte den Kopf eines Schakals und den Körper eines Menschen«, sagte Nefru, als würde sie etwas völlig Selbstverständliches erklären. »Niemand sonst sieht so aus. Und ich habe nicht geträumt. Es war so wirklich, wie es nur geht.«

Bei ihrem klaren Blick spürte ich ein Kribbeln in

meinem Fell. Sie war noch viel zu klein, um bewusst zu lügen. »Vielleicht steckt Anubis tatsächlich hinter dem ganzen Grabraub«, murmelte ich Miu und Khepri zu.

»Sei nicht albern.« Das war Khepris feine Stimme, die von meinem Kopf herunterschwebte. »Da muss sich jemand verkleidet haben. Nefru, hast du auch gesehen, wo genau er über die Mauer kam?«

»Ganz am Ende vom Hof von Pentu, dem Maler«, sagte Nefru.

Miu und Khepri sahen einander an, und ich wusste, was die beiden dachten. *Wieder ein Indiz, das gegen Pentu spricht*.

»Vielleicht erinnerst du dich falsch«, gab ich zu bedenken.

Mit großen Augen sah sie zu mir auf. »Nein, wirklich nicht. Er kam über die Mauer, genau dort, wo Pentu wohnt. Ich hab's gesehen.«

»Man kann sich bei solchen Dingen leicht täuschen«, sagte ich ihr. »Vor allem bei Nacht. Sag mal, könnte es möglicherweise so sein, dass dieser Anubis so aussieht wie jemand, den du kennst? Wie, sagen wir, Neferhotep?«

»Natürlich nicht«, sagte sie empört. »Neferhotep sieht doch nicht wie Anubis aus. Nicht das kleinste bisschen.«

Mir taten sämtliche Knochen weh, trotzdem blieb ich geduldig. »Bist du ganz sicher? Neferhotep hat nämlich kein Alibi ...«

»Ich wusste es doch – ich hätte auf Sabu warten sollen.« Das Kätzchen zog sich zurück. »Er hätte mich verstanden.«

»Sieh mal, Kleine«, redete ich auf sie ein. »Ich bin viel höher gestellt als dieser Sabu.«

Mit einem Satz war sie auf und davon.

»Oje«, sagte Miu. »Du hättest nicht so mit ihr sprechen sollen, Ra. Jetzt vertraut sie keinem von uns mehr.«

»Miu hat recht, Ra.« Khepri hüpfte von meinem Kopf. »Du hast es total vermasselt.«

Mir reichte es. »Schön. Wenn ihr diesen Fall gelöst haben wollt, dann löst ihn selbst. Ihr zwei und euer ach so wunderbarer Sabu.« Ich schleppte meinen müden Körper in eine entlegene Ecke des Hofes. »Ich brauche jetzt ein Schläfchen.«

Aus halb geschlossenen Augen sah ich, wie Khepri und Miu erst besorgt miteinander flüsterten und dann auf Zehenspitzen davonschlichen.

Ohne mich kriegen die den Fall doch nie gelöst, dachte ich.

Gähnend streckte ich mich auf meinem sonnigen Plätzchen aus. Ich mochte verdreckt und zerzaust und ohne mein goldenes Halsband sein, aber was Nickerchen anging, kam in ganz Ägypten keiner gegen mich an, jede Wette.

Nur ein Viertelstündchen, sagte ich mir selbst. *Nur ein paar Minuten, in denen du von all den Köstlichkeiten träumst, die dir zu Hause im Palast gerade entgehen.*

Zarte Antilopenstückchen in sämiger Soße …

Gegrillte Entenflügel an Kardamomrahm …

Ein ganzer Ochse am Spieß …

Aus dem Viertelstündchen wurden zwei, und aus zwei wurden vier …

Die Sonne stand schon tief am Himmel, als Khepri zurückkam und mich am Ohr zupfte.

»Aufgewacht, Ra! Wir haben den Dieb!«

21

Schuldig

Wie von der Tarantel gestochen fuhr ich hoch. Sie hatten den Dieb gefasst? Ohne mich?

»Genau genommen haben die Menschen ihn gefasst«, sagte Khepri, während er an mir hochkrabbelte. Dann dirigierte er mich drei Häuser weiter bis zu dem großartigen Anwesen des Schreibers.

»Es war also tatsächlich der Schreiber?«, fragte ich. »Wusste ich's doch!«

»Nein«, sagte Khepri traurig. »Nicht der Schreiber. Pentu war's, der Maler. Kenamons Vater.«

»Pentu?« Ich war entsetzt. Als wir den Hof betraten, sah ich den Maler zwischen dem Schreiber und vier Dienern. Sie hatten Pentu die Hände hinter dem Rücken zusammengebunden. Das Seil war so fest geschnürt, dass allein schon der Anblick wehtat.

»Ich schwöre, ich war's nicht«, keuchte Pentu. »Ich habe keine Ahnung, wie dieser Ohrring zwischen meine Farben gekommen ist.«

»Lügner!« Mit seiner tintenfleckigen Hand ohrfeigte der Schreiber den Maler. »Dieb! Hat dein missratener Sohn dir geholfen? Wo ist er überhaupt?«

»Ich weiß es nicht.« Pentu versagte fast die Stimme. »Aber er ist unschuldig, ich schwöre.«

»Seit wann ist er verschwunden?« Wieder schlug der Schreiber Pentu, dieses Mal noch heftiger als zuvor. »Und wo ist der Schatz? Wir haben dein Haus und dein Grundstück abgesucht. Wo hast du ihn versteckt?«

»Ich sagte es Euch doch schon, ich hab nichts gestohlen …«

Dieses Mal schlug der Schreiber mit seinem Stab nach Pentu. Als der Maler von dem Schlag zusammensackte, beugte sich der Schreiber dicht vor und sagte mit drohender Stimme: »Wir kriegen dich schon noch klein, Pentu. Bis wir dich dem Pharao übergeben, ist nichts mehr von dir übrig.« Dann wandte er sich an die Diener: »Sperrt ihn in den Keller. Ich nehme ihn mir vor, sobald wir den Jungen gefunden haben.«

»Ich bin unschuldig und Kenamon auch!«, schrie Pentu, als sie ihn wegschleppten, doch das brachte ihm nur eine weitere Ohrfeige ein.

Mir war ganz elend zumute. Pamius Mumie auf dem Boden liegen zu sehen, war schon schrecklich gewesen, doch dies hier war weit schlimmer. Pamiu war wenigstens schon lange tot gewesen. Aber Pentu lebte. Was würde der Schreiber ihm antun? Was würde mit Kenamon und seiner kleinen Schwester geschehen?

In diesem Moment kam Miu mit Sabu aus dem Schatten hervor.

Sabu warf mir einen triumphierenden Blick zu. »Was habe ich dir gesagt? Pentu war's.«

»Sie haben den Falschen festgenommen«, sagte ich ihm.

»Sei nicht albern.« Sabu stellte seine Schnurrhaare auf. »Ich war da. Ich habe alles gesehen. Ich habe es vorhergesagt. Deswegen bin ich auch der wahre Große Detektiv.«

»Träum weiter«, sagte ich.

Sabu lachte. »Nein, träumen ist deine Sache. Wer hat denn hier während der Arbeitszeit geschlafen?«

Langsam bereute ich mein Nickerchen.

»Was genau hast du eigentlich beobachtet, Sabu?«,

wollte Khepri wissen. »Ich weiß, dass Pentu, Huya und Neferhotep dabei waren, einen Raum für die Frau des Schreibers auszugestalten, aber ich weiß nicht, was dann passiert ist.«

»Pentus Farbkasten ist ihm zu Boden gefallen«, sagte Sabu. »Das allein war noch keine große Überraschung. Pentu lässt ständig etwas fallen. Doch dieses Mal fiel ein goldener Ohrring heraus, und das machte alle misstrauisch. Der Schreiber las die winzigen Hieroglyphen auf dem Ohrring vor, und sie beweisen eindeutig, dass der Ring aus Setnakhts Grab kommt. Deshalb ließ er Pentu verhaften.«

Selbst für mich klang das nach einem abgeschlossenen Fall. Zum Glück ist Pharaos Kater sehr, sehr gut darin, etwas zu öffnen, was abgeschlossen ist – ob es sich um die Tür zum Festsaal handelt oder einen hoffnungslos wirkenden Fall.

»Jemand hat den Ohrring mit Absicht da hineingelegt«, überlegte ich laut. »Ich wette, es war der Schreiber. Schließlich ist das ja alles in seinem Haus passiert.«

»Es könnte auch Huya gewesen sein«, sagte Khepri. »Oder Neferhotep. Sie waren schließlich auch da, beide.«

»Nein«, sagte Sabu. »Ich habe ihre Gesichter gesehen, als der Ohrring herausfiel. Sie waren beide völlig überrascht.«

»Vielleicht sind sie gute Schauspieler«, murmelte ich. Doch in Wirklichkeit machte ich mir langsam Sorgen. Die Tatsachen sprachen entschieden gegen Pentu.

»Gib's zu«, sagte Sabu. »Ich hatte recht. Ich bin der Große Detektiv.«

»Und wo ist dann der Schatz?«, giftete ich zurück. »Wer nur den halben Fall löst, kann kein Großer Detektiv sein.«

Sabu zuckte verärgert mit den Ohren. »Der Schatz ist beim Jungen. Ist doch klar, oder?«

»Mich überzeugst du nicht«, sagte ich.

Sabu verdrehte die Augen. »Dir hat gefallen, wie Kenamon um dich herumscharwenzelt ist. Das ist mir klar. Aber wenn du nicht einsehen willst, dass er mit der Beute abgehauen ist, dann bist du ein Dummkopf.«

Ich blitzte ihn böse an. »Ich weiß ja nicht, wie das bei dir ist, aber ich für meinen Fall mache keine wilden Anschuldigungen …«

»Also – wo ist dann der Schatz?«, fragte Sabu. »Meine Katzen durchkämmen seit Stunden das ganze Dorf. Wenn die Beute aus dem Grab hier wäre, dann hätten sie sie gefunden.«

»Vielleicht ist der Schatz ja niemals im Dorf versteckt worden«, sagte Khepri und zirpte nachdenklich. »Ich gebe zu, es ist möglich, dass Kenamon damit abgehauen ist …«

»Genau wie ich gesagt habe«, warf Sabu ein.

»Khepri!« Ich schielte nach oben und versuchte einen Blick auf ihn zu werfen, aber es ist unmöglich, etwas zu sehen, was zwischen den eigenen Ohren sitzt. »Du gehörst zu *meiner* Mannschaft, schon vergessen? Nicht zu Sabus.«

»Das ist *eine* Möglichkeit«, fuhr Khepri unbeirrt fort. »Eine andere Möglichkeit ist, dass der Dieb den Schatz irgendwo außerhalb des Dorfes versteckt hat.«

»Großartig.« Sabu ließ sich schwer auf den Boden fallen. »Erwartest du jetzt vielleicht, dass meine Katzen jeden Winkel in den Bergen untersuchen?«

»Wie wär's, wenn wir mit dem anfangen, was am nächsten liegt?«, schlug Miu vor. »Wir könnten die Felsen nahe beim Dorf absuchen, da, wo die Gräber der Dorfbewohner sind.«

Ich erinnerte mich, dass Buu irgendwas über die Gräber der Arbeiter gesagt hatte, aber ich hatte nicht genau hingehört. Jetzt passte ich besser auf.

»Eine der Katzen hat mir davon erzählt«, fuhr Miu

fort. »Sie sind recht klein, und sie werden nicht so bewacht wie die Gräber der Pharaonen. Das könnte ein guter Ort sein, um etwas zu verstecken.«

Sabu dachte nach. »Vielleicht hast du recht, Cousine. Aber meine Katzen sind müde, ich kann sie heute nicht mehr losschicken. Außerdem geht die Sonne bald unter, dann finden Katzen die Gräber gespenstisch. Morgen nehmen wir sie uns vor.«

Morgen, das klang auch in meinen Ohren gut – bis ich an Pentu in seinem dunklen Keller dachte und an seinen verschwundenen Sohn.

Ich reckte und streckte meinen schmerzenden Körper und versuchte, ein Jammern zu unterdrücken. »Nein. Wir gehen jetzt.«

»Sei nicht dumm«, sagte Sabu. »Was willst du mitten in der Nacht in der Wüste? Da erwischen dich nur die Schakale.«

Mist! Die Schakale hatte ich völlig vergessen.

»Wir gehen gleich morgen früh, einverstanden?« Sabu gähnte und reckte mir sein Hinterteil direkt ins Gesicht. »Und jetzt, wenn ihr nichts dagegen habt, brauch ich ein bisschen Ruhe. Im Unterschied zu gewissen Katzen, die ich namentlich nennen könnte, hab ich den Tag nicht schlafend verbracht. Miu, du kannst mit mir kommen, ich habe noch eine zweite Schlafmatte, die ich dir leihen könnte.«

Während Sabu sich schon auf den Weg machte, sah Miu mich entschuldigend an. »Ich will ungern die einzige Matte …«

»Lass dich nicht aufhalten«, sagte ich hochmütig. »Ich würde nicht neben Sabu schlafen wollen, selbst wenn er mir einen kompletten gebratenen Ochsen dafür gäbe.« *Aber bei zwei Ochsen vielleicht …*

Vermutlich war ich zu hochmütig gewesen, denn Miu lief ohne ein weiteres Wort davon.

Khepri rutschte ein Stück an meinem Kopf herunter. »Ra, wir sollten uns auch nach einem Platz zum Schlafen umsehen. Wenn die Sonne erst untergegangen ist, wird es hier ganz schnell dunkel.«

»Wie kannst du in so einem Moment vom Schlafen reden?«, fragte ich ihn.

»Äh … Ich dachte, du schläfst so gerne, Ra.«

»Stimmt«, gab ich zu. »Aber jetzt ist unser großer Moment, Khepri.«

»Was für ein großer Moment?«, erkundigte sich Khepri zögernd.

»Um den Fall zu knacken! Solange Sabu schläft, gehen wir beide schnell zu den Gräbern der Arbeiter …«

»An den Schakalen vorbei?«, fragte Khepri erschrocken.

Auch ich war erschrocken gewesen, als Sabu sie erwähnt hatte. Aber nachdem er mir sein Hinterteil ins Gesicht gereckt hatte, hatte ich meine Meinung geändert.

»Der will uns nur Angst machen«, erklärte ich Khepri. »Er weiß, wenn er den Schatz nicht findet, wird er nie ein Großer Detektiv werden. Deswegen will er auch nicht, dass wir ihn zuerst finden. Aber wenn wir jetzt gehen, dann sind wir diejenigen, die den Schatz gefunden und damit den Fall gelöst haben.« Den nächsten Satz konnte ich mir nicht verkneifen: »Und ich gehe jede Wette ein, dass Kenamon nichts damit zu tun hat.«

Khepri dachte eine Weile nach. »Also, gefallen würde mir das natürlich, wenn wir beide den Fall lösen könnten. Und ich hoffe auch wirklich, dass Kenamon nicht der Täter ist. Aber wegen der Schakale mache ich mir schon Sorgen.«

»Miu hat gesagt, die Gräber seien ganz nah beim Dorf«, erinnerte ich ihn. »Wir sind in null Komma nichts da und wieder zurück.«

»Nicht, wenn die Schakale uns erwischen, Ra.«

»Die erwischen uns nicht«, sagte ich. »Und wenn doch, dann lassen sie uns in Ruhe. Ich hab ihnen ja vorhin gezeigt, wer hier das Sagen hat.«

»Ich hab das irgendwie anders in Erinnerung«, murmelte Khepri mir ins Ohr.

»Vertrau mir, Khepri. Wir Großen Detektive müssen zusammenhalten. Aber jetzt erst mal: Festhalten!«

Bevor Khepri noch weitere Einwände vorbringen konnte, marschierte ich durchs Tor hinaus. Hinaus zu den Gräbern.

22

Anubis' Atem

Die goldene Sonne berührte schon fast die Felsen im Westen, als ich mich auf den Weg zu den Felsengräbern der Dorfbewohner machte. Von den Schakalen war nichts zu sehen, doch mein eigener Schatten kroch lang hinter mir her wie eine Schlange im Wüstensand.

Khepri zappelte neben einem meiner Ohren hin und her; vermutlich schaute er immer wieder zum Dorf zurück. »Hoffentlich kommt nicht gerade jetzt der Wesir, um dich zu holen.«

»Und wenn schon, dann soll er warten«, sagte ich. Um nichts in der Welt würde ich mir von Sabu den Titel des Großen Detektivs stehlen lassen. Nicht jetzt, wo ich so nahe daran war, ihn zurückzuerobern.

Die Tageshitze hatte sich gelegt, und der Sand wurde langsam kühler, doch als wir uns den kleinen Pyramiden und Tempeln der Dorfgräber näherten, merkte ich, wie müde ich war. Beim ersten offenen Eingang blieb ich stehen.

»Dieses Grab gehört dem Schreiber«, sagte Khepri. »Da oben steht sein Name, siehst du das?«

»Du kannst lesen?«, fragte ich verblüfft.

»Ein wenig«, sagte Khepri bescheiden. »Ich bin dabei, es zu lernen.«

»Nun, wenn diese Grabstätte dem Schreiber gehört, dann werden wir sie von oben bis unten durchsuchen«, sagte ich und trat ein.

Es zeigte sich aber, dass es nicht viel zu durchsuchen gab.

»Das soll ein Grab sein!«, sagte ich und schnaubte verächtlich beim Blick in den engen Raum. »Also wirklich, Pharaos Perückentruhe ist kostbarer ausgestattet. Und sie sind überhaupt erst dabei, die eigentliche Grabkammer auszugraben.«

»Das liegt vielleicht daran, dass der Schreiber von früh bis spät mit den Arbeiten an Pharaos Grab beschäftigt ist«, sagte Khepri. »Von deinem ganz zu schweigen.«

Ich wusste nicht, was ich sagen sollte. Natürlich wünschte ich mir ein prachtvolles Grab. Aber bis jetzt hatte ich mir keine Gedanken darüber gemacht, was das für alle anderen bedeutete.

»Egal«, sagte ich. »Jedenfalls glaube ich nicht, dass wir hier irgendwelche Schätze finden.« Und so war es auch. Nicht einmal im Schutt zu unseren Füßen fand sich irgendetwas.

Die nächste Grabkammer, in die wir gingen, war noch viel bescheidener als die des Schreibers. Im Ernst, sie war kaum groß genug für einen einzigen Sarkophag, geschweige denn für Nahrungsmittel und Möbel und kleine Figuren aus Ton, die Diener darstellten – also alles, was ein Mensch im Jenseits nun mal braucht. Etwas Besonderes hatte sie allerdings: bemerkenswerte Gemälde auf einer Wand.

»Das ist doch Kenamons Vater«, sagte ich und blieb vor einer der Gestalten stehen. »Gemalt von Kenamon. Das sehe ich.«

»Das muss ihr Familiengrab sein«, sagte Khepri.

Weil die Grabkammer so klein war, brauchten wir auch nicht lange, um uns umzusehen. Wir fanden absolut nichts.

»Nicht das kleinste Krümelchen Gold«, sagte ich zufrieden.

»Hoffentlich liegt das nicht daran, dass Kenamon

die Beute irgendwo anders versteckt hat«, sagte Khepri.

»Das hat er nicht«, beharrte ich. »Du wirst schon sehen. Wo ist Huyas Grab?«

Wir fanden es schnell, es war das Grab mit den feinsten Holzarbeiten – sogar einer kostbar verzierten Decke.

»Vielleicht gibt es ein Versteck hinter den Holzlatten«, sagte Khepri. »Ich wünschte, wir könnten einen Weg da hinauf finden.«

»Kein Problem«, erwiderte ich. »Katzen sind die besten Kletterer.«

Irgendwie stimmte das auch. Aber kopfüber können sie nicht laufen, und so musste ich aufgeben.

»Wir kommen zurück«, versprach ich.

Danach besichtigten wir das Grab eines Töpfers und eines Steinmetzen, und ganz zufällig kamen wir auch an Neferhoteps Grab vorbei, das allerdings nicht mehr war als ein Haufen Mauersteine und der Beginn einer Ausgrabung am Boden.

»Ich glaube nicht, dass der Schatz hier ist«, sagte Khepri.

Das glaubte ich auch nicht, und so gingen wir weiter zum nächsten Grab, das schon eindrucksvoller war: ein leerer Raum, aus dem Felsen herausgehauen, mit einem breiten Mauervorsprung und grob behauenen Säulen an einem Ende. Am anderen Ende sahen wir in dem Dämmerlicht eine vertraute Gestalt.

Ich riss die Augen auf. »Sabu?«

Er blieb gespenstisch still.

»Was machst du hier?«, fragte ich.

Er sagte immer noch nichts, und langsam bekam ich es mit der Angst zu tun. Sollte das Sabus Vater sein? Oder vielleicht … sein Geist?

Hinter mir hörte ich ein mattes Miauen wie von einer Katze. Einem Weibchen. Zitternd tat ich ein paar Schritte rückwärts, doch Khepri kroch immer weiter nach vorn, bis er direkt unter der Nase der Katze war.

Die Katze bewegte kein einziges Schnurrhaar.

Das war tatsächlich ein Geist!

Jetzt krabbelte Khepri auf die Pfote des Geistes.

»Khepri, lass bloß den Geist in Ruhe!«, zischte ich.

Khepri kicherte. »Das ist doch kein Geist, Ra. Das ist eine Statue von Sabu. Das hier muss Beks Grab sein.«

»Oh.« Erleichtert betrachtete ich die Skulptur. »Sie ist wirklich sehr ähnlich geraten …«

»Miaaaaaaau!«

Da war er wieder, dieser Katzenschrei, doch dieses Mal war er schon lauter.

Ich erstarrte. »Also, das klang aber jetzt wirklich nach einem Geist.«

»Für mich klang es nach einer Katze«, sagte Khepri.

»Dem Geist einer Katze«, stellte ich klar, als Khepri zurück in mein Fell hüpfte. Jetzt machte ich mir wirklich Sorgen. »Einer von Sabus Ahnen vielleicht. Oder …«

»Da seid ihr ja!« Plötzlich stand Miu im Eingang der Höhle.

»Miu?« Ich war völlig verblüfft, sie zu sehen. »Was machst du denn hier?«

»Ich konnte nicht schlafen. Da bin ich spazieren gegangen und hab euch von ferne gesehen, wie ihr durch die Wüste gelaufen seid.« Sie blickte sich in dem verlassenen Grab um. »Was habt ihr euch bloß dabei gedacht, hier so ganz alleine herzukommen?«

»Wir suchen nach dem Schatz«, erzählte Khepri aufgeregt.

»Und wir hören auch jetzt nicht auf damit«, sagte ich.

»Aber es ist schon fast dunkel«, erinnerte uns Miu. »Die Sonne geht gerade unter.«

Ich spähte an Miu vorbei durch den Eingang. Tatsächlich, jetzt, wo sie es sagte, fiel mir auf, dass der Himmel entschieden weniger hell war als noch vor wenigen Minuten. Aber wenn ich jetzt aufgab, dann würde Sabu gewinnen.

»Großen Detektiven ist es egal, wie dunkel es ist.« Ich sprang auf den Sims. »Sie gehen dorthin, wo der Fall es von ihnen erfordert.«

Während ich begann, überall herumzuschnüffeln, sprang auch Miu auf die Stufe in der Mauer. Inzwischen war es so dunkel, dass ich sie kaum erkennen konnte, doch ihre Stimme war nicht zu überhören. »Ra, ich meine es ernst. Du darfst unmöglich im Dunkeln hier draußen festsitzen. Sabu hat mir erzählt, wie gefährlich diese Schakale sein können. Und dann ist da noch etwas, was mir Sorgen macht. Als ich hier hochgekommen bin, habe ich Huya gesehen, auf den Felsen über euch …«

»Huya?«, warf Khepri ein. »Was macht der denn hier draußen?«

»Ich weiß nicht«, sagte Miu, »aber ich hoffe, er hat mich nicht gesehen. Dieser verzweifelte Ausdruck in seinem Gesicht gefällt mir überhaupt nicht. Und ich meine auch, ich hätte einen Schakal gesehen, der sich hinter einem Felsblock versteckte.«

Mir lief es kalt den Rücken herunter.

Khepri spürte, wie ich zitterte. »Was ist los, Ra?«

»Der Atem des Anubis«, flüsterte ich. »Ich spüre ihn in meinem Fell.«

»Anubis?« Khepri kicherte. »Sei nicht albern, Ra.«

»Wenn ich's dir doch sage! Ganz bestimmt!« Die Sonne musste inzwischen untergegangen sein, denn in der Grabkammer war es jetzt fast vollständig dunkel. »Irgendetwas stimmt hier nicht.«

»Schon gut, Ra«, sagte Miu vom anderen Ende der Steinstufe her. »Beruhige dich.«

Wieder lief mir ein Schauder über den Rücken. Mit jedem Augenblick wurde dieser Ort gespenstischer.

»Irgendjemand ist hier drin«, sagte ich, und mit jedem Wort war ich mir sicherer. »Jemand ist hier bei uns im Dunkeln.«

»Hör auf«, flüsterte Khepri. »Du machst mir Angst.«

»Ich habe auch Angst«, flüsterte ich zurück. »Ich sag's euch, Anubis ist hier …«

»Ra, bitte«, sagte Miu.

»Er ist hier«, sagte ich. »Er hat uns aufgelauert.«

Und dann … raschelte es im Dunkeln.

»*Aaaaaaaaaaaaaah!*« Mit wenigen Sprüngen war ich draußen.

»Ra, komm zurück!« Miu kam hinter mir her.

Khepris Schrei hörte sich wie ein leises Pfeifen an. »*Raaaaaaaaaaaaa!* Da draußen sind die Schakale!«

Die hatte ich ganz vergessen. Doch im Dämmerlicht sah ich ihre funkelnden Augen direkt unter uns.

»*Anuuuuuuuuuuuuuuuubis!*«

Die Meute hatte uns gefunden.

23

Die Schakale des Anubis

Bevor wir noch den Rückzug ins Grab antreten konnten, hatten die Schakale uns auch schon den Weg abgeschnitten. Innerhalb von Augenblicken waren wir zwischen den Felsen eingeklemmt.

»Wir sitzen in der Falle!«, rief Khepri.

»Hütet euch vor den Schakalen des *Anuuuuuuuuuuuubis!*« Die ganze Meute griff den Schrei auf. Mittags hatten sie uns noch ausgelacht, aber jetzt war da kein Lachen mehr. Jetzt klang ihr Geheul nur noch bedrohlich. »*Anuuuuuuuuuuuubis!*«

Der Anführer der Meute trat vor. Seine Wolfszähne blitzten im Mondlicht. »Ich habe euch gewarnt, *a-uuuuuuuuu*«, heulte er. »Haltet euch von den Gräbern fern, habe ich gesagt, *a-uuuuuuuuu!*«

»Hier hoch, Ra.« Miu flitzte an mir vorbei und

führte mich zu einer engen Spalte zwischen den Felsen. Während Khepri sich an meinem Kopf festklammerte, sauste ich hinter Miu her und schaffte es gerade noch, nicht von einem der Schakale zum Abendessen verspeist zu werden.

»Bist du jetzt zufrieden?«, fragte Miu, sobald wir wieder Luft bekamen.

»Ähm … Geht so.« Unser neues Quartier war extrem beengt, noch viel mehr als das letzte Grab. Aber das war gar nicht so schlecht. »Wenigstens kann sich hier niemand im Dunkeln zu uns hereinschleichen, dafür ist es zu eng.«

»Pssst!«, warnte uns Khepri. »Solange wir reden, bleiben die Schakale in der Nähe. Aber wir wollen doch, dass sie aufgeben und verschwinden.«

Lange Zeit schwiegen wir und horchten nur auf ihr Geheul vor unserem Versteck.

»Hütet euch, ihr Eindringlinge! Die Schakale des *Anuuuuuuuuuubis* werden sich rächen! *Auuuuuuuuuuu!*«

Vor lauter Erschöpfung schlief ich irgendwann ein, nur um bald wieder erschrocken hochzufahren. Mein Herz raste.

»Wer ist da?«, rief ich.

»Nur Miu und ich.« Khepri krabbelte wieder auf meinen Rücken. »Wir haben geredet.«

»Ich dachte, wir sollten nicht reden«, sagte ich.

»Das war vor Ewigkeiten«, sagte Khepri. »Inzwischen ist es bestimmt schon nach Mitternacht, glaube ich. Die Schakale haben sich zurückgezogen, jedenfalls fürs Erste.«

»Also ich gehe kein Risiko ein«, sagte ich. »Ich bleibe hier, bis es hell wird.«

»Das ist sicher gescheit«, gab Miu mir recht. »Ich wünschte nur, wir könnten dieses letzte Grab noch mal anschauen. Ra, wie bist du eigentlich darauf gekommen, dass da jemand mit uns drin gewesen sein könnte?«

»Hast du nicht dieses Geraschel gehört? Hast du nicht seinen Atem gespürt?« Schon allein bei der Erinnerung lief es mir wieder kalt den Rücken herunter. »Ich hab's euch doch gesagt – Anubis war da. Und er hat die Schakale gerufen.«

Wie ein Echo war von ferne das Geheul eines Schakals zu hören. *»Anuuuuuuuuuuuubis!«*

Wieder lief mir ein Schauder über den Rücken.

»Das sagst du die ganze Zeit, aber ich glaube es nicht«, sagte Miu entschieden. »*Wenn* irgendjemand mit uns da drin war, dann war es Huya, jede Wette. Oder vielleicht auch Kenamon.«

»Warum sollten die sich in einem Grab verstecken?«, wollte Khepri wissen.

»Vielleicht wollten sie sich auch vor den Schakalen in Sicherheit bringen«, sagte Miu.

»Aber falls sie es waren, warum waren sie dann überhaupt hier oben auf den Felsen?«, überlegte Khepri.

»Weil sie schuldig sind und den Vertretern des Pharao aus dem Weg gehen wollen«, sagte Miu. »Oder weil sie glauben, der Schatz ist irgendwo hier in den Felsen versteckt. An irgendeinem Ort, den wir noch nicht angeschaut haben.«

»Hier oben gibt es garantiert jede Menge Verstecke«, sagte Khepri. »Diese Felsen sind voller Höhlen und Spalten.«

»Kenamon ist unschuldig«, erinnerte ich die beiden. »Da bin ich mir ganz sicher.«

Miu schien mich kaum gehört zu haben. »Vielleicht hat Huya Kenamon erpresst, damit er ihm hilft.«

»Oder Huya hat das Grab ganz allein ausgeraubt«, gab ich zu bedenken. »Oder er steckt mit dem Schreiber und dem Wesir unter einer Decke. Ich dachte, wir wären alle drei der Meinung gewesen, dass er sich verdächtig gemacht hat, als er das Grab nicht betreten wollte, um es zu untersuchen.«

»Es gibt endlos viele Möglichkeiten«, sagte Khepri und klang plötzlich ganz mutlos. »Manchmal finde ich die Menschen viel zu kompliziert.«

»Ich glaube nicht, dass ein Mensch mit uns im Grab war«, sagte ich unglücklich. »Ich sage euch, ich habe den Atem von Anubis an meinem Fell gespürt.«

»Oh, Ra.« Miu stupste mich sanft mit der Pfote. »Fang jetzt nicht wieder damit an.«

»Es war aber so. Wirklich. So etwas Gruseliges habe ich noch nie erlebt.« Ich ließ den Kopf auf die Pfoten sinken, weil ich mir davon Trost erhoffte. »Ich wünschte, ich wäre zurück in meinem Palast.«

»Das bringt doch nichts, jetzt daran zu denken«, sagte Khepri.

»Ich kann nicht anders«, maunzte ich. »Was, wenn wir nie wieder dorthin zurückkommen? Was, wenn die Schakale uns vorher erwischen? Oder Anubis?«

»Ra, bitte.« Wieder stupste Miu mich mit einer Pfote. »Können wir jetzt bitte über etwas anderes reden?«

»Den Fall«, schlug Khepri vor. »Lasst uns über den Fall reden.«

»Wozu?«, wiederholte ich verzweifelt. »Den lösen wir doch sowieso nie. Nicht, wenn die Götter ihre Hand im Spiel haben.«

»Das sind nicht die Götter«, beharrte Miu. »Und ich bin sicher, wir können ihn lösen. Schlimmstenfalls folgen wir einfach der Spur des Goldes.«

Entgeistert setzte ich mich auf. »Wovon redest du überhaupt?«

»Wer auch immer die Beute hat, ist jetzt reich, Ra«, erklärte Miu. »Eines Tages wird er sich verraten, weil er zu viel ausgibt.«

»In Set Ma'at gibt es nicht viel Geld. Deswegen wird er sofort auffallen«, fügte Khepri hinzu. »Wenn jemand auf einmal kostbare Juwelen kauft oder sein Grab oder sein Haus besonders elegant ausschmückt …«

»Huyas Grab ist doch sehr elegant«, sagte ich und dachte an die Decke mit den aufwendigen Schnitzereien. »Und das Haus des Schreibers auch. Neferhotep will, dass Kenamon ihm ein Porträt für sein Grab malt, wisst ihr noch? Und bei Bek hat er eine extragroße Statue in Auftrag gegeben.«

»Stimmt«, sagte Khepri. »Und Kenamon hat seiner kleinen Schwester den Mund verboten, als sie wissen wollte, ob sie jetzt reich sind. Also kann es wohl jeder von denen gewesen sein.«

»Kenamon war's nicht«, murmelte ich.

»Von denen ist anscheinend keiner so richtig reich«,

fuhr Khepri fort, »da könnte schon mal jemand in Versuchung geraten, ein Grab zu plündern.«

»Ich hätte gedacht, dass Grabarbeiter besser bezahlt werden«, sagte Miu. »Es macht mich traurig zu sehen, wie viele Familien nur mit Müh und Not überleben.«

»Wenn man bedenkt, was für wunderschöne Kunstwerke sie für Pharao entwerfen und herstellen, dann hätten sie sicher mehr verdient«, stimmte auch Khepri zu.

»Aber wirklich.« Miu seufzte. »Ich sage ja nicht, dass es richtig ist, ein Grab auszurauben. Aber wie kann es andererseits richtig sein, so viel Gold in Höhlen zu verstecken, wenn andere Leute es so dringend nötig hätten?«

Ich scharrte unbehaglich mit den Pfoten in der Erde. Ich wollte doch selbst ein schönes Grab haben. Aber gleichzeitig musste ich Miu recht geben: Die Menschen von Set Ma'at hätten etwas Besseres verdient – allen voran Kenamon.

»Die Menschen machen so ein Getue um ihre Gräber«, fuhr Miu fort. »Ich verstehe es einfach nicht. Wenn ihr mich fragt, kommt es doch darauf an, wie wir andere in diesem Leben behandeln. Das ist doch unser wahres Denkmal, das, was allein zählen wird, wenn Anubis unsere Seelen wiegt. Nicht irgendwelche vergoldeten Räume in einem Felsen.«

»*Anuuuuuuuuuuuuubis!*« Das Geheul draußen wurde wieder lauter. »*Anuuuuuuuuuuuuubis!*«

Eine Schnauze zeigte sich in einer Spalte zwischen zwei Steinen.

»Sie versuchen hereinzukommen«, schrie ich auf und zog mich noch tiefer ins Dunkel zurück.

»Dafür sind sie zu groß«, sagte Miu. »Glaube ich.« Doch auch sie zog sich weiter zurück.

Ich quetschte mich in eine Felsspalte und grub mich so tief ein, wie ich nur konnte. Dabei löste sich ein Teil des Felsens, und ich konnte mich noch weiter nach hinten drängen.

Khepri machte ein sonderbares Geräusch.

»He, Kumpel«, sagte ich. »Alles in Ordnung mit dir?«

»Mit mir schon«, sagte er. »Aber mit diesem Felsen stimmt irgendetwas nicht.«

Noch während er sprach, gab der Boden unter mir nach, und zwischen einem Hagel aus Steinen stürzten wir in die Tiefe.

24

Gold, Gold, Gold

Wir waren noch nicht unten angekommen, da rief Miu uns schon zu: »Ra? Khepri?«

»Mir geht's gut«, krächzte ich und schüttelte mir Staub und Steinchen aus dem Fell. »Khepri, was ist mit dir?«

»Alles in Ordnung«, zirpte es irgendwo rechts von mir. »Aber ich weiß nicht, wo wir sind.«

»Ich auch nicht.« Ich strengte mich an, Ohren und Nase an die Dunkelheit um mich herum zu gewöhnen. »Dem Echo nach muss das hier ein ziemlich großer Raum sein. Es riecht ziemlich modrig. So richtig, richtig alt. Außerdem irgendwie … scharf.« Auf einmal dämmerte mir die grässliche Wahrheit, und ich hörte auf zu schnuppern. »Khepri, ich glaube, wir sind in einem Grab.«

»Ich komme euch zu Hilfe!«, rief Miu.

»Bloß nicht, Miu«, warnte ich sie.

Zu spät. Sie landete bereits neben mir. »Uiuiui, das war aber ein tiefer Fall«, sagte sie. Etliche kleine Steine schlugen nach ihr am Boden auf. »Wie kommen wir bloß wieder in die Höhle da oben zurück?«

»Genau das meinte ich ja«, antwortete ich düster. »Jetzt sitzen wir alle drei in der Falle – in einem uralten Grab.«

»Wir finden schon einen Weg hinaus«, sagte Khepri zuversichtlich.

»Wir sind verdammt«, maunzte ich. »Verdammt, das sage ich euch. Hier findet uns niemand, wir müssen in dieser Dunkelheit elendig verenden …«

Doch es war gar nicht mehr so dunkel. Von links drang ein schwaches Licht herein.

Khepri krabbelte schnell in die Richtung. »He, passt bloß auf«, warnte er uns. »Hier ist ein großes Loch. Und was für eins!«

Ein Loch? Ich hörte auf zu maunzen und kniff die Augen zusammen. Khepri hatte recht. Links von uns gähnte ein riesiges Loch, direkt am Beginn eines Tunnels. Das Licht schien vom anderen Ende des Tunnels zu kommen.

»Vielleicht ist es eine Falle, in die man Grabräuber locken wollte?« Auch Miu machte ein paar Schritte nach vorn. »Schaut euch das mal an. Da unten am Boden stecken angespitzte Pfähle. Und guckt mal, jemand hat eine Seilbrücke über die Grube gespannt …«

Khepri krabbelte noch ein Stück vorwärts, um besser sehen zu können. »Das ist eine Brücke.« Das schwache Licht flackerte und wurde heller.

»Da kommt jemand«, sagte Khepri und hüpfte schnell zu mir zurück.

»Anubis!« Die Angst schnürte mir die Kehle zu, und ich brachte kaum ein Flüstern hervor, um die anderen zu warnen. »Er hat uns hergelockt. Das war sein Plan von Anfang an. Jetzt kommt er!«

»Fang bloß nicht wieder mit Anubis an«, sagte Miu. Trotzdem sah ich Unruhe in ihren Augen, während das Licht immer heller wurde.

»Versteckt euch!«, krächzte ich. »Schnell!«

Wir drehten um und sahen zum ersten Mal, wo wir bei unserem Sturz gelandet waren. Es war tatsächlich eine Grabkammer, mit einem polierten Steinsarkophag und gespenstischen Statuen, alle über und über mit Gold und Edelsteinen bedeckt. Am Boden lagen noch mehr Edelsteine, ein ganzer Haufen – darunter auch ein enorm großer Herzskarabäus aus einem Amethyst. Daneben stand ein kleiner goldener Sarkophag …

Ein Sarkophag in Form einer Katze.

Meine Schnurrhaare zuckten vor Schreck. Das war sie, die Beute aus dem Grabraub!

Das Licht wurde immer heller, und dann sah ich ihn. Durch den engen Tunnel kam er direkt auf uns zu … Anubis.

Sein schwarzer Schakalkopf war gewaltig, und der Körper darunter steckte in einem Gewand, wie Priester es trugen. Nun hatte die Gestalt die Seilbrücke über die Grube erreicht, und mit geblähtem Gewand schien sie über den Abgrund zu fliegen. Zitternd duckte ich mich mit Miu und Khepri hinter die nächstbeste Statue.

»Ich hab's euch doch gesagt, Anubis ist hier bei den Felsen«, flüsterte ich, während wir vorsichtig um die Statue herumspähten. »Aber ihr wolltet mir nicht glauben. Selbst als ich gesagt habe, dass ich seine Kälte spürte!«

»Ra, das ist es!« Khepri sah mich an. »Das ist die Lösung!«

Was meinte er überhaupt? Doch mir war viel zu schlecht vor Angst, um nachzufragen. Pharaos Kater ist mutig wie ein Löwe, aber vor den Göttern fürchten sich selbst Löwen. In diesem Moment schritt Anubis auf den Sarkophag zu. So groß war seine Macht, dass sogar die Wände erstrahlten, als er vorüberging. Vielleicht war es aber auch nur seine Fackel, deren Licht sich in jedem Funken Gold widerspiegelte.

Es gab ja auch so viel Gold hier unten. Gold an den Statuen. Gold auf dem Tisch. Gold an den Wandgemälden. Gold aus der Beute aus Setnakhts Grabkammer.

Meine Pfoten zitterten, als Anubis seine Fackel in einem goldenen Ständer abstellte und sich dann über den gewaltigen Steinsarkophag beugte. Er öffnete den Deckel, der grässlich knarrte, und murmelte einen Zauberspruch.

Entsetzt schaute ich zu, wie die Mumie im Sarkophag stöhnte und sich langsam aufrichtete.

Vor lauter Angst legte ich meine Ohren flach an, trotzdem hörte ich noch jedes feine Geräusch. Wieder stöhnte die Mumie. Ein gequälter Geist wurde aus dem Totenreich zurückgezerrt. Die Stoffbinden lösten sich und gaben einen entsetzlichen Gestank frei, den Gestank von etwas längst Verfaultem.

Ich hielt es nicht mehr aus. Ich schloss die Augen

und sackte zusammen. *Bitte lass Anubis mich nicht finden.*

»Das glaube ich jetzt nicht«, hauchte Khepri mir ins Ohr. »Schau doch, Ra! Das ist Kenamon.«

Kenamon? Ausgeschlossen!

Ich öffnete die Augen. Die Mumie hatte sich inzwischen gedreht und wandte uns ihr Gesicht zu. Khepri hatte recht. Es war tatsächlich Kenamon – stramm bandagiert und mit Leinenfetzen geknebelt.

Anubis holte den Jungen aus dem Sarkophag und stieß ihn zu Boden. Ächzend richtete der Gott sich auf, und sein Schakalkopf geriet gefährlich ins Wanken. Mit beiden Händen rückte er ihn wieder zurecht.

Das war ja nur eine Maske!

Meine Krallen streckten sich. Niemand machte sich ungestraft lustig über den Mächtigen Ra. Wer immer das war, ich würde für Gerechtigkeit sorgen, irgendwie.

Der Junge stöhnte.

»Du bist selbst schuld«, sagte der Mann mit der Anubismaske. »Du hättest deine Nase eben nicht in Dinge stecken sollen, die dich nichts angehen, Junge. Niemand hat dich gebeten herumzuschnüffeln.«

Kenamon hatte also versucht, den Fall aufzuklären – genau wie wir.

Ich spähte hinüber zu der Gestalt mit der Schakalmaske. Wer verbarg sich wohl darunter? War das der Schreiber? Huya? Neferhotep? Sie waren alle etwa gleich groß, und da die Stimme des Mannes durch die Maske gedämpft wurde, erkannte ich sie nicht.

»Ich habe nur genommen, was rechtmäßig mir gehört«, sagte der Mann jetzt zu Kenamon. »All die Jahre habe ich geschuftet, um den Pharaonen eine segensreiche Ewigkeit zu verschaffen, und was habe ich dafür bekommen? Man hat mir den Lohn gekürzt und mich wie Dreck behandelt.«

Den Lohn gekürzt? Das klang nicht nach dem Schreiber. Dann konnten es also nur Huya oder Neferhotep sein.

»Wer wollte mir da Vorwürfe machen?«, fuhr der Mann fort. »In diesem Leben kann ich die Waagschale nicht mehr ins Gleichgewicht bringen, aber im nächsten. Mit all den Schätzen, die ich mir genommen habe, werde ich ein glorreiches Leben im Jenseits haben.«

Nicht als Dieb, dachte ich. Der wahre Anubis wird dein Herz wiegen und für zu leicht befinden.

Doch der Mann in der Maske sah das anders. »Die Götter selbst wollten, dass ich den Schatz bekomme«, sagte er weiter zu Kenamon. »Warum sonst hätten sie

mich in dieses uralte Grab geführt, als ich dabei war, mein eigenes zu graben? Warum sonst hätten sie mir die Fähigkeit gegeben, die Verbindung zwischen den beiden zu entdecken?«

Die Fähigkeit, die Verbindung zwischen den beiden zu entdecken? Ich dachte an die Holzpaneele in Huyas Grabkammer. Hätten wir doch nur genauer hingeschaut!

»Die Götter haben alles von langer Hand geplant«, fuhr der Mann fort. »Sie haben meinen Ahnen den Geheimgang zwischen dem Grab von Thutmosis dem Zweiten und dem von Setnakht gezeigt. Als das Grab von Thutmosis dem Zweiten ausgeraubt und aufgegeben wurde, wusste ich: Das musste ein Zeichen sein. Die Götter selbst haben mir befohlen, das Gleichgewicht wiederherzustellen. Doch dann bist du gekommen« – er zeigte anklagend auf Kenamon – »und hast dich den Göttern in den Weg gestellt.«

Kenamon versuchte sich umzudrehen.

»Du kannst dich drehen und winden, so viel du willst«, sagte der Mann. »Mir entkommst du nicht. Niemand weiß, wo du bist. Ich habe mit dem Schreiber gesprochen und auch mit Huya und Neferhotep, diesen Dummköpfen, die in den Felsen unterwegs sind, um nach dir zu suchen. Keiner hat Verdacht geschöpft.«

Was? Wenn dieser Mann nicht der Schreiber war und auch nicht Huya oder Neferhotep, wer war es dann? Der Wesir? Der Hauptmann der Wache?

Miu und ich schauten uns verblüfft an, doch Khepri oben auf meinem Kopf rührte sich kein bisschen. Das bedeutete, er war von dieser Neuigkeit kein bisschen überrascht.

Ich schluckte schwer und überlegte.

Das ist die Lösung, hatte Khepri gesagt. Aber worüber hatten wir da gesprochen?

Ich hatte in dem Moment gesagt, dass niemand auf mich hören wollte, als ich von Anubis sprach, dass sie sich nur lustig gemacht hatten über den kalten Schauder, den ich gefühlt hatte.

Doch wo war da der Zusammenhang? Während ich noch versuchte dahinterzukommen, riss der Mann mit der Anubismaske den Jungen vom Boden hoch.

»Wenn sie dich tot im Wüstensand finden, mit einem winzigen Ohrring in der Hand, dann werden alle wissen, wer die Schuldigen sind, nämlich du und dein Vater. Und niemals wird irgendjemand mir auf die Schliche kommen.«

Seine Hand näherte sich dem Hals des Jungen. Voller Panik schaute ich Miu an. Wir mussten ihn aufhalten! Mein Blick fiel auf den goldenen Katzensarkophag hinter Miu, und in dem Moment war es, als hörte ich Pamiu zu mir sprechen. Da wusste ich, was ich zu tun hatte.

Vielleicht hatte Miu ihn auch gehört, denn als ich aus unserem Versteck herausschoss, war sie mir direkt auf den Fersen.

»*Miiiiiiaaaaaaaaauuuuu!*«, kreischte ich.

Der Mann ließ Kenamon los. »Was war das?«

Ich raste hinüber zu der Beute und schnappte mir mit dem Maul ein Schmuckstück. Miu machte dasselbe.

»Weg, weg, weg!«, brüllte Khepri und klammerte sich an meinem Kopf fest.

»Hiergeblieben!« Der Dieb ließ Kenamon los und jagte hinter uns her. »Lasst das sofort fallen!«

Miu und ich rasten weiter, doch der Dieb folgte uns dicht auf den Fersen. Als wir zu der Grube kamen, sprang Miu mit einem großen Satz darüber hinweg, doch ich blieb wie angewurzelt stehen. Ein knurrender Schatten kam von der anderen Seite her über die Grube gesprungen, direkt auf mich zu.

Miu ließ ihr Schmuckstück fallen und rief erschrocken: »Sabu?«

Der Dieb war zu schnell, und das Hindernis auf seinem Weg, also wir, war zu groß. Als ich einen heftigen Schlenker machte, um Sabu aus dem Weg zu gehen, stolperte der Mann über mich und verlor das Gleichgewicht.

»Nein!« Sabu sprang hoch, um ihn zu retten, doch sein Schwanz und seine Füße verwickelten sich.

Schreiend und kreischend taumelten der Mann und der Kater in die Tiefe.

25

In der Falle

»Sabu?«, rief Miu in die tiefe Grube hinunter.

»Cousin?«

»Verschwende nicht dein Mitleid an ihn«, sagte Khepri. »Sie sind beide schuldig.«

»Wie meinst du das?«, sagte sie. »Sabu ist doch auf unserer Seite …«

Ich war genauso verwirrt wie sie. Ganz vorsichtig, um nicht abzustürzen, spähten wir hinunter in die Grube. Da unten im Dunkel sahen wir sie beide: Bek, der ohnmächtig war, aber noch atmete, gleich neben der zerbrochenen Anubismaske, und Sabu, der ihm übers Gesicht leckte.

»Sabu, lass das!«, rief Miu. »Er ist ein Dieb und Entführer.«

Sabu schaute auf und knurrte sie böse an. »Und fast

wäre er auch damit durchgekommen – bis ihr hier aufgetaucht seid und eure Nasen in alles hineingesteckt habt.«

»Soll das heißen, du hast gewusst, dass er schuldig war?«, fragte Miu unsicher.

»Natürlich wusste ich das«, prahlte Sabu. »Wir sind

ein Gespann. Ich habe ihm geholfen. Ich war mit ihm in der Grabkammer, habe ihm ein Alibi verschafft …«

»Du hast gelogen?«, fragte Miu.

»… und ich habe die Gans dazu gebracht, mich zu decken«, fuhr Sabu fort.

»Wie denn das?«, wollte ich wissen.

»Erpressung«, sagte Sabu, erkennbar stolz auf seine Schlauheit. »Ich habe ihr gesagt, ich würde dafür sorgen, dass ihre Küken in Sicherheit sind, dass keine Katze ihnen zu nahe kommt, aber nur, wenn sie tut, was ich ihr sage.«

Deswegen also hatte die Gans mir damit gedroht, mich bei Sabu anzuschwärzen.

»Und das war noch nicht alles«, fuhr Sabu fort. »Als unser Herr Schönpfote und sein Käfer anfingen, zu viele Fragen zu stellen, da war ich derjenige, der dem Ziegelstein einen Stoß gegeben hat, damit er ihn traf.« Seine grünen Augen glitzerten mich wütend an. »Zu dumm, dass ich dich verfehlt habe, aber wenigstens warst du für eine Weile außer Gefecht gesetzt. Nur leider nicht lang genug. Deswegen musste ich diesen Ohrring zwischen Pentus Farben legen.«

Ungläubig zuckte Miu mit den Ohren. »Und ich habe geglaubt, du wärst auf unserer Seite.«

»Auf der Seite von diesem Herrn Schönpfote?«, fragte Sabu höhnisch. »Niemals. Ich hatte gehofft, die Schakale würden ihm ein Ende bereiten. Ich habe ihnen gesagt, heute Nacht würden sie bei den Gräbern ein leckeres Abendessen finden …«

»Du hast den Schakalen gesagt, wo wir hinwollten?«

Sabu lachte. »Na klar. Sie sind alte Freunde von mir, und sie würden so gut wie alles machen, um Bek einen Gefallen zu tun. Die sind ganz verrückt nach dem Fleisch, das er ihnen bringt.«

»So hat Bek die Schakale auf seine Seite gebracht«, murmelte Khepri mir ins Ohr. »Bestimmt haben wir deshalb die Bröckchen Gänsefleisch in der Grabkammer gefunden.«

Miu ließ ein klägliches Miauen hören. »Sabu – im Grunde ist das Mord.«

»Wenn ich könnte, würde ich es wieder tun«, sagte Sabu kühl. »Nicht nur für Bek, sondern auch für mich selbst.« Tief unter uns verzerrte sich sein Tigergesicht. »Warum sollte dieser Herr Schönpfote ein wunderbares Leben im Jenseits haben und ich nicht? Dieser goldene Sarkophag, der sollte für mich sein.«

Nach diesen Worten spuckte er verächtlich aus. Miu starrte entgeistert zu ihm hinunter.

»Beachte ihn gar nicht«, riet ich ihr. »Wir müssen uns um Kenamon kümmern.«

Miu überquerte die Grube auf der Seilbrücke und stellte sich zu uns neben den Jungen.

»Du hinkst ja«, sagte Khepri zu ihr.

»Ich habe mir die Pfote verknackst«, sagte sie, »aber das wird schon wieder. Kenamon macht mir mehr Sorgen.«

Mir auch. Die Augen des Jungen waren fast geschlossen.

»Er atmet irgendwie komisch«, sagte Miu. »Das kommt bestimmt von diesem Knebel.«

»Komm, wir kauen die Seile durch, dann können wir ihn befreien«, schlug ich vor.

Während Sabu uns aus der Tiefe der Grube anknurrte und verfluchte, wechselten wir uns ab.

Als ich von Miu übernahm, kuschelte sie sich dicht an Kenamons Schulter. »Ich hätte nie gedacht, dass einer meiner Cousins etwas so Schreckliches tun könnte.«

»Er hat uns alle hinters Licht geführt«, sagte Khepri. »Wenigstens eine Zeit lang – bis Ra den entscheidenden Hinweis entdeckt hat.«

»Und welcher war das, Ra?«, fragte Miu.

Zum Glück war ich gerade dabei, am Seil zu kauen, deswegen zeigte ich nur mit dem Schwanz auf Khepri. Sollte er die Frage doch beantworten.

»Als Ra den Atem von Anubis in Beks Grabkammer spürte, da saß er ganz nah am Eingang zu diesem viel größeren Grab«, erklärte Khepri. »Die Kälte, die er spürte, das war die Luft, die aus dem uralten Grab herüberwehte. Das war der erste Hinweis darauf, dass es Bek sein musste.«

»Du meine Güte!« Miu zwinkerte. »Wie schlau von dir, dass du dahintergekommen bist.«

»Ää-mmmmmmpf«, sagte ich und kaute weiter am Seil.

»Na ja, du hattest schließlich anderes im Kopf«, sagte Khepri zu Miu. »Du hast versucht, uns vor den Schakalen zu retten.«

»Bek hatten wir doch als möglichen Täter ausgeschlossen«, sagte Miu. »Er war nicht dabei, als die aufgegebene Grabkammer gereinigt wurde, deshalb gehörte er für uns nicht zu den Verdächtigen.«

»Das war unser Fehler«, gab Khepri zu. »Wir haben nicht daran gedacht, dass es auch andere Möglichkeiten geben könnte, um in Setnakhts Grab zu kommen. Aber als wir das erste Mal hier waren, da haben wir gehört, dass schon Beks Vater und Vorväter als Bildhauer im Tal der Könige gearbeitet haben, alle an den Gräbern der Pharaonen. Das heißt, sie haben sicherlich auch am Grab von Thutmosis dem Zweiten gearbeitet, als es eingerichtet wurde, und auch am Grab von Setnakht. Und da sie Bildhauer waren und mit Stein arbeiteten, lag es bei ihnen näher als bei den meisten anderen, dass sie einen losen Steinblock entdeckten – oder ihn überhaupt erst lockerten.«

Langsam lockerte sich das Seil, das den Knebel im Mund des Jungen festhielt.

»Bestimmt wurde das Geheimnis in der Familie immer weitergegeben, von Vater zu Sohn«, sagte Khepri. »Anfangs vielleicht als Scherz oder auch nur als Feststellung. Aber dann hat Bek einen Plan ausgeheckt. Er dachte, die Götter hätten ihm diese Nachricht gesandt. Und als Sabu den Katzensarkophag sah, glaubte er das auch.«

Ich hieb meine Zähne fest in das Seil. Armer Pamiu! Er hatte keine Chance gehabt.

Khepri zeigte mit einem seiner Vorderbeine auf die Höhle, die im schwindenden Licht der Fackel noch immer golden schimmerte. »Das war der zweite Hinweis. Die meisten Diebe hätten den Sarkophag eingeschmolzen oder mitsamt der übrigen Beute mitgenommen. Stattdessen wurde dieser Sarkophag behutsam beiseitegestellt, so als sollte er aufgehoben werden – für eine ganz besondere Katze. Das hörte sich für mich nach Sabu an. Schließlich ist er der Anführer aller Katzen in Set Ma'at. Deswegen fing ich an, über all die Hindernisse und Gefahren nachzudenken, die uns begegnet sind, während wir versucht haben, den Fall zu lösen. Und dabei ist mir klar geworden, dass Sabu hinter alldem gestanden haben könnte.«

Während Miu traurig den Kopf schüttelte, biss ich die letzten Fasern des Seils durch. »So!«

Das Seil löste sich, und Kenamon spuckte den Knebel aus. Mit krächzender Stimme dankte er uns, doch dann fielen ihm die Augen zu, und sein Kopf sank wieder auf den Boden zurück.

Miu strich ihm zart mit dem Schwanz übers Gesicht, doch das half nicht, Kenamon kam nicht zu sich. »Oje!«

»Wir müssen ihn hier herausbekommen. Aber wie?« Khepri klang so besorgt, wie mir zumute war.

Miu zog ihren Schwanz zurück. »Wir brauchen Menschen, die uns helfen.«

»Aber dafür müssen wir erst an den Schakalen vorbei«, erinnerte ich sie.

Es folgte ein langes Schweigen.

Miu konnte nicht gehen, nicht mit ihrer verletzten Pfote. Khepri käme erst in einer Woche im Dorf an. Also blieb nur noch ich. Doch nach dem schlimmsten Tag meines Lebens und der gruseligsten Nacht – wäre ich da in der Lage, den Schakalen erneut gegenüberzutreten?

Pharaos Kater würde es wagen. Pharaos Kater war mutiger als mutig. Aber ich fühlte mich kaum noch wie Pharaos Kater. Ohne all die eleganten Rangabzeichen war da vermutlich kaum mehr übrig als ein nicht allzu mutiger ganz normaler Kater.

Kenamon öffnete die Augen und gab sich größte Mühe, mich anzulächeln.

Andererseits – vielleicht war ich mutiger, als ich dachte. Was hatte Miu vorhin gesagt? *Worauf es ankommt, ist, wie wir andere in diesem Leben behandeln. Das ist unser wahres Denkmal.* Sosehr ich mir auch ein prachtvolles Grab wünschte – etwas in mir vermutete, dass sie recht hatte.

Ich berührte Kenamon leicht an der Wange. Sein Gesicht war bleich von der Anstrengung, doch er schaffte es, mit ganz leiser Stimme zu sagen: »Mächtiger … Ra.«

Damit war die Entscheidung gefallen. Der Junge brauchte mich. Mich, Pharaos Kater. Selbst wenn ich mich innerlich wie ein nicht sehr mutiger Kater fühlte.

Ich erhob mich. »Ich gehe jetzt nach Set Ma'at.«

»Und die Schakale?«, fragte Miu mit schreckensweit aufgerissenen Augen.

Ich war bereits auf dem Weg hinaus. »Sollen sie doch versuchen, mich aufzuhalten – das wird ihnen leidtun.«

26

Folgt der Katze

Ich hatte schon die andere Seite der Grube erreicht und lief durch den Tunnel, der nach draußen führte, als ich merkte, dass Khepri bei mir war.

Ich blieb stehen. »Was ich vorhabe, ist gefährlich. Du musst nicht mitkommen.«

»Oh doch, das muss ich«, sagte Khepri ruhig. »Miu passt auf Kenamon auf und ich auf dich.«

Er war kleiner als eine meiner Pfoten und wollte auf mich aufpassen? Das war natürlich lächerlich, aber abschütteln konnte ich ihn auch nicht.

»Ich bleibe bei dir«, sagte er immer wieder, und da ich ihn nicht von meinem Ohr wegnehmen konnte, gingen wir weiter zusammen durch den Tunnel.

Ehrlich gesagt war ich froh, dass er da war, vor allem als wir vom Tunnel hinunter in Beks Grab rutschten.

(Genau wie Khepri es vorhergesagt hatte, waren an der Stufe, wo ich den »Atem des Anubis« gespürt hatte, einige lose Steine. Bek hatte sie beiseitegestoßen, sodass er hindurchkriechen konnte.)

»Siehst du irgendwelche Schakale?«, fragte ich, als wir aus dem Grab ins Freie spähten.

»Ich sehe bloß die Sterne«, sagte Khepri. »Wahnsinn, wie hell die hier draußen in der Wüste leuchten.«

»Stimmt.« Dann schaute ich in Richtung Osten, wo lauter winzige Lichtpunkte Set Ma'at zum Leuchten brachten.

»Siehst du das?«, sagte ich zu Khepri. »Sie sind wach, mitten in der Nacht. Irgendetwas ist da los.«

»Vielleicht suchen sie nach Kenamon«, schlug Khepri vor.

»Aber vermutlich aus dem falschen Grund«, sagte ich.

»Nur gut, dass sie uns haben. Wir können die Sache klarstellen.« Khepri suchte sich einen festeren Stand zwischen meinen Ohren. »Gehen wir, Ra!«

Mit gespitzten Ohren und wachsamem Blick kletterten wir die Felsen hinunter. Als wir unten ankamen, ohne dass uns irgendwelche Schakale begegnet waren, fasste ich wieder Mut. Im Wüstensand konnte ich auch wieder schneller laufen. Vor uns leuchtete Set Ma'at.

»So, wie sieht unser Plan aus?«, wollte Khepri wissen.

»Ganz einfach: Ich muss jemanden dazu bringen, mir zurück zum Grab zu folgen.«

»Wen denn?«, fragte Khepri.

»Den Schreiber vielleicht ...«

»Aber der hält dich doch für einen Streuner«, erinnerte mich Khepri. »Der wird dich nur wegscheuchen.«

Hmmm ... Diesen Teil meines Vorhabens hatte ich noch nicht durchdacht. Aber wahrscheinlich machte Khepri sich wie so oft völlig unnötige Sorgen.

»Das wird schon klappen«, sagte ich. »Wenn nötig, bringe ich den Wesir dazu, wenn er mich holen kommt. Er wird ganz früh am Morgen hier eintreffen.«

»Und was, wenn nicht?«, sagte Khepri.

»Dem bleibt gar nichts anderes übrig. Pharao muss inzwischen begriffen haben, was passiert ist, und wird schön wütend sein auf den Wesir, dass er ihm einen Betrüger zurückgebracht hat.«

»Es sei denn, der Pharao hält den Betrüger für dich«, sagte Khepri.

»Niemals«, sagte ich. »Das hast du doch selbst gesagt, Khepri. So eine Katze wie mich gibt es nicht noch einmal.«

»Na ja, ich weiß das, und du weißt es auch. Aber Menschen lassen sich viel leichter täuschen als wir …«

»Pharao nicht«, beharrte ich. »Uns verbindet ein spezielles Band. Deshalb wird er den Wesir gleich herschicken, um mich zu holen. Der hat garantiert großen Ärger bekommen, weil er mich so schlecht behandelt hat, deswegen wird er tun müssen, was ich will. Ich werde ihn zu dem Jungen führen.«

»Wenn du meinst«, sagte Khepri, aber ich hörte den Zweifel in seiner Stimme.

Danach diskutierte er nicht mehr mit mir. Aber das war auch gar nicht nötig. Während ich durch die Dunkelheit auf die Mauern von Set Ma'at zulief, spürte ich meine eigenen Zweifel wie kleine Nadelstiche. Was, wenn Khepri recht hatte? Was, wenn Pharao den Betrüger akzeptiert hatte? Ich hatte in meinem Leben genug gesehen, um zu wissen, dass für viele Menschen alle Katzen grau sind. Vielleicht war auch Pharao tief im Herzen davon überzeugt, dass eine Katze so gut wie die andere ist. Vielleicht war das besondere Band zwischen uns beiden gar nicht so besonders …

»Ra?« Khepri krallte sich in meinem Ohr fest. »Jemand ist uns auf den Fersen.«

»*Anuuuuuuuuuuuubis!*«

Das Geheul war dicht hinter uns. In großen Sprüngen rannte ich weiter, so schnell meine Pfoten mich trugen.

»Schakale!« Khepri rotierte auf meinem Kopf und schrie laut. »Zwei Stück. Nein, drei … vier …«

»Vom Zählen wird's auch nicht besser!«, heulte ich.

Ich hatte geglaubt, ich sei vorher schon schnell gerannt, doch jetzt entdeckte ich, dass ich noch viel schneller laufen konnte. Die Schakale allerdings auch. Während ich weiter auf die Tore des Dorfs zurannte, kam ihr Gebell immer näher.

»Ra, die Tore sind geschlossen!«, heulte Khepri mir ins Ohr.

»Dann klettere ich eben senkrecht die Mauer hoch!«, schrie ich, und mein Echo flog weit voraus über den Sand, so laut, dass jeder im Dorf es vernommen haben musste.

In dem Moment hörte ich eine vertraute Stimme. Oder täuschten mich meine Sinne? Noch nie zuvor war ich so schnell gerannt, mein ganzer Körper bebte vor Anstrengung.

Langsam und vorsichtig begannen die Tore des Dorfs sich zu öffnen.

War das möglich?, überlegte ich.

»Schneller, Ra!«, bettelte Khepri.

Ich hielt es für ausgeschlossen, dass ich noch schneller rennen könnte, bis ich spürte, wie mich ein Schakal hinten am Schwanz berührte.

»*Anuuuuuuuuuuubis!*«

Ich schrie auf und sprang durch die enge Öffnung zwischen den beiden Torhälften. Mit einem Knall fielen sie hinter mir ins Schloss, und die Schakale mussten draußen bleiben. Zusammen mit Khepri, der sich immer noch festklammerte, lief ich auf den Mann zu, dessen Stimme mir so vertraut vorgekommen war …

»Oh, Ra!« Pharao hob mich hoch. »Du bist in Sicherheit – den Göttern sei Lob und Preis.«

* * *

Während die Menge zusammenströmte, hörte ich Khepris überraschte Stimme an meinem Ohr. »Pharao hat dich erkannt, Ra. Ohne dein Halsband und so verdreckt, wie du bist – trotzdem hat er dich erkannt.«

»Natürlich hat er das.« Ich bemühte mich um einen lässigen, selbstbewussten Ton, aber ich war viel zu erleichtert, um mich irgendwie anders anzuhören als zutiefst erleichtert. »Ich hab dir doch gesagt: Pharao und ich haben eine ganz besondere Verbindung. Daran habe ich nie gezweifelt.« *Na ja, jedenfalls nicht ernsthaft.*

Pharao strich mir über die Wangen und fütterte mich aus der Hand mit kleinen Stückchen von würzigem Steinbockfleisch. »Verzeih mir, Ra. Ich war gestern so beschäftigt, dass ich erst um Mitternacht gemerkt habe, dass der Wesir die falsche Katze mit zurückgebracht hat.«

»Oh Herrscher aller Herrscher.« Die Stimme schwebte vom Boden hoch, wo der Wesir flach neben Pharaos Füßen lag. »Seht, ich werfe mich vor Euch in den Staub.«

Pharao, der mich noch immer in seinen Armen hielt, trat einen Schritt zur Seite.

»Wetten, dass der nicht mehr lange Wesir ist«, sagte Khepri leise zu mir.

»Hoffentlich.« Schnell schluckte ich noch ein Bröckchen Fleisch hinunter.

»Ich bin nach Set Ma'at gekommen, um selbst nach dir zu suchen«, erklärte mir Pharao. »Ich hatte schon jeden Stein im Dorf dreimal umgedreht – doch dann habe ich dich auf einmal draußen in der Wüste gehört.« Er hob mich noch ein Stück höher, sodass wir einander in die Augen blicken konnten. »Was um alles in der Welt wolltest du da draußen?«

Um ein Haar hätte ich mich an dem Fleisch verschluckt. Vor lauter Aufregung hatte ich Kenamon fast vergessen. Ich sprang aus Pharaos Armen und rannte zum Tor.

»Fangt ihn ein!«, schrie der Schreiber, und sofort jagte die Menge hinter mir her.

»Halt!« Beim Klang von Pharaos tiefer Stimme erstarrten alle. »Lasst ihn.«

Pharao kam mit großen Schritten auf mich zu. »Was ist, Ra? Es muss etwas sehr Wichtiges sein, wenn du bereit bist, dich wieder den Schakalen zu stellen.« Seine dunklen Augen sahen mich nachdenklich an, dann befahl er seinen Wächtern:

»Öffnet die Tore. Holt eure Fackeln. Und dann folgt der Katze!«

27

Ich kann alles erklären

Was das Beste an jener Nacht war?

Wenn ihr jetzt glaubt, das sei das würzige Steinbockfleisch gewesen, dann täuscht ihr euch. Natürlich war das köstlich, keine Frage. Aber der beste Teil kam erst später, als wir zurück am Grab waren.

Pharao ging mit mir hinein, dicht gefolgt von seinen Wachleuten. Ganz am Schluss kamen der Schreiber und der Wesir. Alle waren entsetzt, als sie Bek und Sabu neben der Anubismaske in der Grube sahen, und sie schnappten nach Luft beim Anblick der gestohlenen Kostbarkeiten. Doch Pharao war am meisten erschüttert, als er Kenamon sah.

»Der Junge hat mich in eine Falle gelockt!«, brüllte Bek aus der Grube. »Er ist der wahre Dieb.«

»Pharaos Kater hat ihm geholfen«, schrie Sabu.

Doch Pharao kümmerte sich gar nicht um die beiden, sondern befahl seinen Wächtern, Kenamon zu befreien. Sobald die Männer die Bandagen gelöst hatten, konnte der Junge auch wieder normal atmen, und als die Wächter ihm eine Medizin zu trinken gaben, konnte er auch wieder sprechen. Zuerst war er so überwältigt von Pharaos Gegenwart, dass er kaum Worte fand, um zu berichten, was geschehen war. Doch dann legten Miu und ich uns auf seinen Schoß und schnurrten, und schon bald floss die Geschichte nur so aus ihm heraus. Er hatte tatsächlich die Fleischbröckchen in Setnakhts Grab gesehen und auch den losen Stein, aber er hatte Angst gehabt, jemandem davon zu berichten.

»Warum hattest du Angst?« Pharaos Stimme war so sanft, als würde er mit seinen eigenen Kindern sprechen.

»Ich hatte Angst, man würde mir vorwerfen, Ärger zu machen, und dann würden Vater und ich unsere Arbeit verlieren«, erklärte Kenamon. »Der Schreiber nennt Vater einen Unruhestifter, weil er sich wegen der Lohnkürzungen beschwert hat. Er hat ihm sogar damit gedroht, ihn zu entlassen. Als der Wesir kam, hatte Vater gehofft, der würde alles wieder in Ordnung brin-

gen, doch das tat er nicht. Auch der Wesir war sehr ärgerlich, als mein Vater vortrat.«

Pharaos eindrucksvolle Augenbrauen zogen sich zusammen. »Es hat Lohnkürzungen gegeben?«

Der Schreiber, der bis dahin in einer Ecke leise mit dem Wesir gesprochen hatte, kam nun eilig nach vorn. »Oh Herrscher aller Herrscher, der liebe Junge hat da etwas völlig missverstanden …«

Mit einem einzigen Blick brachte Pharao den Mann zum Schweigen.

Nervös blickte Kenamon zum Schreiber hinüber.

»Du stehst unter meinem Schutz«, sagte Pharao zu Kenamon. »Sprich nur frei. Eure Löhne wurden also gekürzt?«

Kenamon nickte. »Letztes Jahr musste fast jeder im Dorf Kürzungen hinnehmen und dann noch einmal während der großen Nilflut.«

»Das hatte ich nicht angeordnet«, sagte Pharao ärgerlich.

»Ich kann alles erklären«, stotterte der Schreiber.

Der Wesir schien in Panik zu geraten. »Ich auch.«

»Nehmt sie beide fest, damit ich sie später befragen kann«, wies der Pharao seine Wächter an.

»Aha, deshalb also hat Pentu zu Kenamon gesagt,

die Dinge würden wieder besser werden, und deshalb hat seine kleine Schwester gehofft, sie wären bald reich genug für eine Katze«, murmelte mir Khepri ins Ohr. »Pentu hatte gedacht, es würde helfen, mit dem Wesir zu sprechen. Er konnte nicht ahnen, dass davon alles nur noch schlimmer wurde.«

Wieder stellte Pharao mit sanfter Stimme Fragen an Kenamon. »Wie bist du hierhergekommen?«

»Was ich im Grab von Setnakht gesehen hatte, ließ mich nicht los«, sagte Kenamon. »Ich hatte meinem Vater davon erzählt, doch er fürchtete, unsere Familie würde nur Ärger bekommen, wenn wir damit zum Schreiber gingen. Ich sollte mit niemandem darüber sprechen. Wenn ich diese Hinweise gesehen hatte, dann sicher auch andere. Und wenn nicht, dann hätte ich sie mir vielleicht nur eingebildet.« Kenamon schwieg einen Moment, dann fuhr er fort.

»Aber ich wusste, ich hatte sie mir nicht eingebildet. Gleichzeitig wollte ich meiner Familie keinen Ärger machen. Also beschloss ich zu versuchen, dem Dieb allein auf die Schliche zu kommen. Wenn ich die Beute finden würde, dann könnte mich niemand für den Schuldigen halten, und vielleicht würde meine Familie sogar eine Belohnung bekommen.«

Ich fühlte einen gewissen Stolz. Bei dem Jungen zeigten sich tatsächlich schon alle Eigenschaften, die ein Großer Detektiv brauchen würde. Abgesehen davon, dass er ein Mensch war, natürlich. Aber das konnte man ihm kaum vorwerfen.

Kenamons Stimme wurde jetzt lauter, fast so, als hätte er mein Lob gespürt. »Ich hatte gedacht, Neferhotep könne der Dieb sein, denn er benahm sich auf einmal wie ein reicher Mann und kaufte lauter Kostbarkeiten für sein Grab. Doch dann hörte ich, wie der Hauptmann der Wache mit seinem Bruder Huya schimpfte, weil der an Glücksspielen teilgenommen hatte. ›Du spielst dich auf wie ein Mann von Welt und behauptest immer, du würdest alles zurückgewinnen. Aber Neferhotep hat dir inzwischen im Glücksspiel die Hälfte deines Ersparten abgenommen.‹ Das sagte der Hauptmann zu seinem Bruder Huya, und da war mir klar, wieso Neferhotep plötzlich auf so großem Fuß lebte.«

»Aha!«, flüsterte mir Khepri ins Ohr. »Es war also nicht *Geld* oder *Feld*, was Buu gehört hatte, sondern *Welt*.«

»Kein Wunder, dass Neferhotep fröhliche Lieder sang über sein großes Glück und dass Huya ihm böse Blicke zuwarf«, flüsterte ich zurück.

»Dann fing ich an, über die Gräber der Dorfbewohner nachzudenken«, erzählte Kenamon weiter. »Ich dachte, sie wären bestimmt ein gutes Versteck. Also sah ich mich ein wenig um. In Beks Grab fand ich einen Geheimgang, der in ein anderes, älteres Grab führte. Doch als ich darin war, kam Bek und schlug auf mich ein.« Er fing an zu zittern. »Als ich wieder zu mir kam, lag ich in diesem Sarkophag da und dachte, ich sei lebendig begraben.« Ich schmiegte meinen Kopf in seine Hände und schnurrte. Das war meine Art, ihn zu drängen weiterzuerzählen. Er legte die Arme um Miu und mich und fuhr fort, Pharao alles zu berichten, was danach geschehen war. Er berichtete auch, wie Miu und Khepri und ich ihm zu Hilfe gekommen waren.

Als er fertig war, sagte Pharao: »Und schließlich hat der Mächtige Ra mich zu dir geführt.«

Pharao und Kenamon strahlten mich beide an.

Es war ein wunderbarer Moment, wunderbarer noch als der Geschmack von würzigem Steinbockfleisch. Aber noch besser war der Moment eine Stunde später, als wir zurück in Set Ma'at waren und Pentu, der Maler, befreit wurde.

»Vater!« Kenamon lief auf ihn zu. Er hinkte leicht. »Ich bin es!«

»Kenamon.« Pentus Handgelenke waren aufgescheuert von den Stricken, doch er schlang beide Arme fest um seinen Jungen.

»Also wenn das kein glückliches Ende einer Geschichte ist«, sagte Miu erfreut.

»Und wieder ist ein Fall gelöst«, bemerkte Khepri.

Ich sagte gar nichts, aber ich war sehr zufrieden. Wieder einmal stand Pharaos Kater als Held da.

Nur eines störte mich noch. Ich kratzte mich an meinem zerzausten Pelz.

»Was muss eine Katze eigentlich tun, damit man ihr hier das Fell bürstet?«, fragte ich.

28

Pharao hält Hof

Wer hätte gedacht, dass sie in Set Ma'at so angenehme Bürsten und so wohlriechende Badezusätze und Parfüms haben? Ich bin zwar normalerweise nicht so sehr fürs Baden, aber alles hat seine Zeit und seinen Ort, und wenn sie dazu so köstliche Speisen servieren, erst recht.

Zwei Stunden lang hegte und pflegte man mich im Bad des Schreibers mit dessen teuersten Mittelchen, und als die Sonne ihr strahlendes Licht auf Set Ma'at ergoss, war ich wieder ganz der Alte. Im Bad allerdings sah es anschließend ziemlich wüst aus.

»Meine Güte, Ra«, sagte Khepri und kletterte auf meinen Kopf. »Du bist ja wieder blitzsauber.«

»Hast du dir auch die Füße abgeputzt?«, fragte ich streng. »Oder rieche ich da etwa Dung?«

»Dung, und zwar vom Allerfeinsten«, versicherte mir Khepri mit einem glücklichen Seufzer. »Ich war zum Frühstück bei Menwi.«

Entgeistert richtete ich mich auf. »Khepri! Ich bin frisch gebadet!«

»Keine Sorge«, sagte Khepri. »Ich hab mir die Füße abgewischt. Und … äh … alles andere auch.«

»Sie hätten ruhig noch eine zweite Flasche Parfüm in mein Fell leeren können«, jammerte ich.

»Du riechst wunderbar«, sagte Miu. »Wenn auch mehr wie ein Rosengarten, ehrlich gesagt, aber …«

»Solange ich nicht wie ein Dunghaufen rieche.« Ich streckte mich auf einer Stufe aus, um mich in der Sonne zu aalen. »He, siehst du die Katzen da drüben, auf der anderen Straßenseite? Kommt mir so vor, als würden die mich anstarren.«

Miu warf einen Blick hinüber. »Der eine ganz links, Ra, der sieht dir ähnlich. Das muss der Betrüger sein.«

Ich drehte mich auf die Seite und kniff die Augen zusammen. »Unmöglich! Den würde man doch kaum als gut aussehend bezeichnen, oder?«

»Nein, aber eine gewisse Ähnlichkeit mit dir hat er schon«, sagte Khepri. »Vielleicht macht er sich Hoffnungen, deinen Platz wieder einzunehmen.«

Ich fuhr schon mal die Krallen aus. »Da soll er ruhig kommen.«

»Ich glaube, er sagt ganz was anderes.« Miu legte den Kopf schief. »Hör doch.«

Ich spitzte meine Ohren und fing ein paar Fetzen der Unterhaltung auf. »… und dann haben sie mich auch noch einparfümiert, kannst du das glauben?«, sagte der Kater gerade zu seinem Freund. »Das stank noch ekliger als diese widerlichen Soßen, mit denen sie mich die ganze Zeit gefüttert haben. Ich sag's dir, ich war noch nie so froh, nach Hause zu kommen. Hier in Set Ma'at, hier lebt man am besten, ganz bestimmt …«

»Das soll wohl ein Witz sein«, sagte ich, als Miu und Khepri kicherten.

»Die Geschmäcker sind eben verschieden«, sagte Miu.

»Allerdings.« Aber das war auch gut so. Zufrieden streckte ich mich wieder aus. »Jedem, wie es ihm gefällt.«

»Hält Pharao immer noch Hof im Haus des Schreibers?«, wollte Khepri von Miu wissen.

»Die Gerichtssitzung müsste eigentlich bald beendet sein«, sagte Miu. »Während Ra gebadet wurde, habe ich mal eine Weile gelauscht. Da hatten der Schreiber und der Wesir schon alles gestanden. Sie haben einen Teil der Löhne, die für die Arbeiter bestimmt waren, zurückbehalten und behauptet, Pharao habe die Kürzungen befohlen. Im Verhör haben sie sich gegenseitig beschuldigt, der Anstifter zu sein.«

»Aber warum haben sie denn den Grabraub nicht gründlich untersucht?«, fragte ich. »Damit haben sie doch nichts zu tun.«

»Nein, aber jeder dachte, der andere führe etwas im Schilde, und hoffte auf einen Anteil an der Beute.«

»Bestimmt hatten sie auch Angst, dass Pharao von der Sache erfährt, wenn es zu einer gründlichen Untersuchung kommt«, sagte Khepri. »Das wollten sie natürlich nicht, dass er herkommt und sich in Set Ma'at umsieht.«

»Pharao hat beide entlassen«, sagte Miu. »Sie sind in Ungnade gefallen. Sie müssen den Dorfbewohnern das Doppelte von dem zahlen, was sie ihnen schulden, außerdem müssen sie eine Strafe an Pharao entrichten. Auch Huya ist entlassen worden. Er hat nämlich dem Schreiber geholfen, die anderen Dorfbewohner zu betrügen.«

»Was ist mit Bek?«, wollte ich wissen.

»Auf Grabraub steht eigentlich die Todesstrafe«, sagte Miu, »aber Bek hatte einen Zusammenbruch und hat um Verzeihung gebeten. Wegen der langen Dienste von Beks Familie will Pharao ihm das Leben schenken, aber für seine Taten büßen muss Bek doch. Pharao schickt ihn in einen der königlichen Steinbrüche.«

»Das heißt, er muss für den Rest seines Lebens unter Bewachung Steine klopfen?«, fragte Khepri. »Oje, oje!«

»Er hat einen Pharao und dessen Kater in ihrer ewigen Ruhe gestört«, erinnerte ich Khepri. »Und er wollte Kenamon töten.«

»Ja, er war bereit, den Jungen zu opfern, nur um selbst ein prachtvolles Leben im Jenseits zu haben«, seufzte Miu. »Im Ernst, warum sind die Menschen bloß so versessen auf prunkvolle Gräber?«

»Nicht nur Menschen.« Khepri warf mir einen Blick zu.

»He«, sagte ich gekränkt. »Ich bin nicht versessen darauf.«

Die beiden tauschten Blicke.

»Na gut, vielleicht ein bisschen«, gab ich zu. »Aber ich weiß, wann es Zeit ist nachzugeben. Ich bin nicht wie Bek oder Sabu.«

»Apropos«, sagte Khepri, »da drüben kommen sie.«

Wächter führten Bek die Straße hinunter. Die Arme hatten sie ihm auf dem Rücken zusammengebunden. Als ich ihn so sah, wie er mit gesenktem Kopf vorbeiging, konnte ich es kaum glauben, dass er die mächtige Gestalt unter der Anubismaske gewesen sein sollte, die Kenamon in Angst und Schrecken versetzt hatte.

Hinter Bek und den Wächtern her trottete Sabu. »Das ist nicht gerecht«, jammerte er. Als er an uns vorüberkam, fauchte er und machte einen Satz auf mich zu. »Dafür wirst du bezahlen, Schönpfote!«

Ich sprang auf, zum Kampf bereit, doch Pharao war an meine Seite getreten. Als Sabu ihn sah, schlich er davon und folgte Bek zum Dorf hinaus.

Pharao sah mich liebevoll an. »Ein Freund von dir, Ra?«

Pharao ist ein sehr kluger Mann, doch manchmal liegt er völlig daneben.

Aber gut, er ist trotzdem mein Pharao. Ich rollte meinen Schwanz auf und nahm

in der vollkommenen Pose der Göttin Bastet zu seinen Füßen Platz.

»Gut, dass du wieder so aussiehst wie früher«, sagte er zu mir. »Jedenfalls beinahe.«

Nur beinahe? Ich war verblüfft. Hatten sie irgendeine Stelle in meinem Fell vergessen zu bürsten?

Während ich unauffällig meine Pfoten und mein Hinterteil untersuchte, winkte Pharao Kenamon heran, der mit seinem Vater hinter uns in einem Eingang stand. Abgesehen von ein paar Kratzern, die von den rauen Stricken kamen, sah der Junge stark und gesund aus. Und was noch besser war: Er sah glücklich aus.

Als er herantrat, legte ihm Pharao etwas Funkelndes in die Hand. »Kenamon, würdest du dies Ra umlegen?«

»Mit Vergnügen, Großer Herrscher aller Herrscher.«

Mein Halsband! Mein eigenes goldenes Halsband! Stolz hielt ich still, während Kenamon es an meinem Hals befestigte.

»Du sollst das beste Grabporträt bekommen, das je ein Kater eines Pharaos gehabt hat«, flüsterte Kenamon mir zu. Als ich ihm die Finger leckte, lächelte er. »Komm bald wieder her, Mächtiger Ra.«

Ich rieb meine Schnurrhaare an seiner Hand. *Das werde ich*, hieß das.

»Zeit für uns, nach Hause zurückzukehren, Ra«, sagte Pharao.

In dem staubigen Set Ma'at funkelte unsere prachtvolle Sänfte wie eine kleine Sonne. Pharao hob den schimmernden Vorhang, und ich sprang hinauf. Khepri saß auf meinem Kopf, und Miu folgte mir.

»Deine Belohnung soll in Gold ausbezahlt werden«, sagte Pharao zu Kenamon. »Und vielleicht kommst du eines Tages in den Palast und malst ein Bild von diesen dreien.« Er wies auf die Kissen, wo Khepri, Miu und ich es uns bequem gemacht hatten.

»Oh Herrscher aller Herrscher, es wäre mir eine Ehre«, sagte Kenamon strahlend.

»Hast du das gehört, Miu?« Khepri hüpfte von meinem Kopf und ließ sich auf das Kissen fallen. »Wir werden auch gemalt.«

»Und wir werden den Jungen wiedersehen.« Miu klang erfreut.

Während Pharao sich noch mit dem Jungen und dessen Vater unterhielt, sagte Khepri: »Weißt du was, Ra? Dein Grab haben wir nie zu sehen bekommen.«

»Macht nichts.« Ich streckte mich auf den Kissen aus. »Wenn du mich fragst – Gräber werden sowieso überschätzt.«

Miu und Khepri sahen mich völlig überrascht an.

»Stimmt«, sagte Miu, »aber ich hätte nie gedacht, dass ich das mal aus deinem Munde hören würde, Ra.«

»Niemals«, gab ihr Khepri recht.

»Auch eine Katze kann einmal ihre Meinung ändern«, erklärte ich ihnen, während Pharao in die Sänfte stieg und sich zu uns setzte. »Vor allem Pharaos Kater. Das Leben ist dazu da, gelebt zu werden, sage ich immer.«

»Und dafür, Große Detektive zu sein«, sagte Khepri aufgeregt.

»Und dafür, Freunde zu sein«, fügte Miu hinzu und sah Khepri und mich liebevoll an.

»Stimmt!« Und dann machte ich mich endlich über einen der Näpfe her, die für uns bereitstanden. »Und um zu essen – nicht zu vergessen.«

Schwankend setzte sich unsere prachtvolle Sänfte in Bewegung. Wir waren auf dem Weg zurück nach Theben.

Nachwort der Autorin

Wenn ich die Augen schließe, sehe ich vor meinem inneren Auge noch immer die Abbildungen in dem allerersten Aufsatz über »König Tut« (alias Pharao Tutanchamun), den ich gelesen habe. Damals war ich ungefähr neun, also genauso alt wie Tutanchamun, als er Pharao wurde. Ehrfürchtig betrachtete ich damals die goldenen Schätze in seinem Grab – aber mehr noch beeindruckte es mich zu lesen, wie das Grab ausgeplündert, neu versiegelt und ungefähr tausend Jahre später entdeckt wurde. Seit damals bin ich fasziniert vom alten Ägypten und seinen Grabanlagen, und es hat mir ungeheuren Spaß gemacht, in diesem Buch mehr über diese Gräber zu schreiben, vor allem über die Menschen, die sie geschaffen haben, die Menschen von Set Ma'at.

Das Dorf Set Ma'at hat es wirklich gegeben. Wie Ra euch erklärt hat, bedeutet der Name »Ort der Wahrheit«. Er liegt am westlichen Ufer des Nils, gegenüber von Theben, und war der Wohnort der Arbeiter, die im Tal der Könige die königlichen Grabstätten errichteten (einschließlich des Grabs für Tutanchamun). Das Dorf existierte rund fünfhundert Jahre lang, etwa von 1550 bis 1080 vor unserer Zeitrechnung. Heute heißt der Ort Deir el-Medina, und wenn von ihm auch nur noch die Grundmauern erhalten sind, so sind diese doch sehr wichtig. Durch sie haben wir eine Menge über das Leben gewöhnlicher Menschen im alten Ägypten gelernt.

Wir wissen zum Beispiel, dass die Arbeiter dicht beieinander lebten, in Häusern mit mehreren ebenerdig gelegenen Räumen, einem Keller und einer Dachterrasse. Hohe Beamte wie der Grabschreiber lebten in vornehmeren Häusern. Zu den hochrangigen Beamten zählten auch die Vorarbeiter, die die Zimmerleute, Steinmetze, Bildhauer, Maler sowie andere Künstler und Handwerker überwachten. (Oft stand auch anstelle des Schreibers einer der Vorarbeiter dem ganzen Dorf vor.) Lange Zeit war Set Ma'at ringsum von einer hohen Mauer umgeben.

Anstellungen als Grabarbeiter wurden oft von den Vätern an die Söhne weitergegeben, und Kinder arbeiteten manchmal schon von frühester Jugend an in den Anlagen. Grabarbeiter verdienten besser als die meisten Menschen im alten Ägypten, und ein talentierter Junge wie Kenamon konnte mit Recht ein gutes Auskommen erwarten. Allerdings gab es nicht ausreichend Arbeit für alle. Das ist einer der Gründe, weswegen manche Bewohner von Set Ma'at Grabräuber wurden.

Die Arbeiter konnten das Tal der Könige nur in Gruppen und zu bestimmten Zeiten betreten, und auch dann nur unter Bewachung. Sie wurden jederzeit streng kontrolliert. Dennoch gelang es einigen von ihnen, Schätze zu stehlen, sozusagen unter den Augen der Wächter. Andere schlossen sich Banden an, die bei Nacht in die Grabkammern einbrachen. Daneben gab es zahlreiche Grabräuber, die keinerlei Verbindung zum Dorf Set Ma'at hatten.

Um Einbrüche zu verhindern, gab es spezielle Wachen, die im Tal der Könige patrouillierten und sowohl die bereits existierenden Gräber als auch die im Bau begriffenen bewachten. Wenn jedoch das Geld am Hof des Pharao knapp wurde, dann sank die Zahl der angeheuerten Wächter, und zu solchen Zeiten wurde Grabraub häufiger.

Zudem wurden in finanziell knappen Zeiten die

Löhne der Arbeiter gekürzt. Wenn die Zahlungen nicht rechtzeitig geleistet wurden, kam es durchaus vor, dass Arbeiter streikten. Normalerweise fanden der Pharao und seine Berater aber doch irgendwo die Mittel, die Männer zu bezahlen. Anderenfalls gäbe es kein Grab – und das bedeutete für den Pharao ein schreckliches Leben im Jenseits.

Im alten Ägypten gab es keine Münzen, wie wir sie kennen, und keine Währung. Doch manchmal nutzte man kleine Mengen Kupfer, Silber oder Gold (Deben) zur Verrechnung oder als Zahlungsmittel. Die Arbeiter an den Grabanlagen wurden mit Getreide, Bier und anderen Naturalien bezahlt. Zulagen konnte es geben in Form von Öl, Salz und Fleisch. Viele grundlegende Güter bekamen die Bewohner von Set Ma'at von der Regierung gestellt. Dazu gehörten freies Wohnen, Wasser, Gemüse, Fisch, Feuerholz, Tongefäße und sogar Kleidung.

Oft handelten die Arbeiter auch untereinander oder spielten Glücksspiele. Dabei ging es nicht nur um Alltagsgegenstände, sondern auch um Güter, die sie im Jenseits brauchen konnten. Die Gräber der Bewohner befanden sich in den Felsen nahe beim Dorf, wie in diesem Buch beschrieben, und sie waren viel einfacher als die der Pharaonen. Solltet ihr je nach Deir el-Medina kommen, könnt ihr einige dieser Gräber besichtigen. Die Herstellung dieser privaten Gräber nahm einen großen Teil der freien Zeit der Arbeiter in Anspruch. Doch es gab daneben auch ein reiches Familienleben. In den Ruinen von Set Ma'at wurde Kinderspielzeug gefunden, und wir wissen, dass die Dorfbewohner gerne spielten und feierten, hohe Festtage begingen und Festspiele abhielten. Sie hielten auch Haustiere und liebten Katzen. Lebensechte Zeichnungen von Katzen wurden auf etlichen beschrifteten Tonscherben (Ostraka) in Set Ma'at gefunden. Es macht Spaß, sich vorzustellen, wie Kenamon so eine Zeichnung von Ra anfertigte.

Ob ihr es glaubt oder nicht, es gab im alten Ägypten tatsächlich Katzenmumien. Die wertvollsten wurden in einen sogenannten Sarkophag in Form einer Katze, gelegt. Viele Tausend Katzenmumien wurden in Bubastis gefunden, einer Stadt, die der Verehrung der Katzengöttin Bastet gewidmet war. Ein zeitgenössischer Bericht sagt, dass Katzen aus ganz Ägypten dort beigesetzt wurden. Traurigerweise glauben die meisten Gelehrten, dass die Katzen, die dort gefunden wurden, im Tempel getötet und der Göttin Bastet geopfert worden waren. Andere Katzenmumien – vor allem diejenigen in kostbaren Sarkophagen – waren vermutlich viel geliebte Haustiere, deren Besitzer hofften, sie im Jenseits wiederzusehen.

Der Name des Wachhundes Buu ist ein Tribut an Abutiu, einen ägyptischen Hund, den es tatsächlich vor über viertausend Jahren gegeben hat. Er war ein königlicher Wachhund, der einem Pharao der sechsten Dynastie gedient hat. Wir wissen nicht, wer dieser Pharao war, doch er liebte seinen Hund so sehr, dass er seinen Steinmetzen befahl, ihm zu Ehren ein besonderes Grab zu bauen.

Das Tier, das im alten Ägypten am meisten mit Gräbern (und dem Gott Anubis) in Verbindung gebracht wurde, war der Schakal. Aufgrund neuerer DNA-Proben müsste der akkurate Name für den ägyptischen Schakal eigentlich Afrikanischer Goldwolf lauten. Doch der Name Schakal hat eine lange Geschichte, und außerhalb von Gelehrtenkreisen werden die Menschen vermutlich bei ihm bleiben, so wie ich in diesem Buch.

Setnakht und Thutmosis der Zweite waren Pharaonen, die es wirklich gegeben hat und die im Tal der Könige beigesetzt wurden. Setnakht wurde mehrfach umgebettet und verschwand irgendwann. Für diese Geschichte habe ich sein Grab an einen anderen Ort verlegt.

Die Mumie von Thutmosis dem Zweiten wurde 1881 zusammen mit über fünfzig königlichen Mumien entdeckt. Niemand kann mit Gewissheit sagen, wo sein ursprüngliches Grab war – doch vielleicht wird es eines Tages doch noch entdeckt. Falls von euch jemand Archäologe werden möchte: Vielleicht findest du's ja!

Das gehört zum Wunderbarsten am alten Ägypten: dass es noch so viele Geheimnisse und Rätsel gibt, die darauf warten, gelöst zu werden.

Dank

Ein ganz großes Dankeschön geht an Sara Crowe und das gesamte Team bei Pippin sowie an all die fantastischen Menschen bei Holiday House, allen voran Mora Couch, Emily Campisano, Emily Mannon, Terry Borzumato-Greenberg, Mary Cash, Kevin Jones sowie an meine geniale Lektorin Sally Morgridge. Auch Copyeditor Barbara Perris schulde ich großen Dank.

Herzlichen Dank auch an Paula Harrison und Kit Sturtevant für ihre tiefsinnigen Kommentare zu einem frühen Entwurf dieses Buchs sowie an Paula (noch einmal!) und Mo O'Hara dafür, dass sie Ras Debüt so entschieden befürwortet haben. Sehr dankbar bin ich Freunden und Verwandten für ihre Unterstützung, insbesondere Karl Galle und Sylvia Atalla, die mir aus dem fernen Kairo Schreibutensilien als Maskottchen mitgebracht haben. Mein großer Dank geht auch an das Ashmolean Museum und das British Museum, deren ägyptische Abteilungen mich immer wieder aufs Neue entzücken, bewegen und inspirieren.

Was wäre ich ohne meinen Mann und meine Tochter, die in Rekordzeit frühe Entwürfe gelesen und immer an den richtigen Stellen gelacht haben. Sie sind bis heute Ras größte Fans! Vielen, vielen Dank, meine Liebsten! Für nichts in der Welt würde ich euch eintauschen. Nicht einmal gegen einen goldenen Sarkophag in Form einer Katze.

Bücher über Ägypten

Es gibt unzählige Bücher über das alte Ägypten. Die Bücher, die Amy B. Greenfield für ihre Bücher über den Detektivkater zurate gezogen hat, gibt es entweder nicht in deutscher Übersetzung, oder sie sind vergriffen. Wenn du mehr über diese faszinierende Welt erfahren willst, hast du in Buchhandlungen oder öffentlichen Bibliotheken eine große Auswahl an Titeln zu allen erdenklichen Themen, zum Beispiel über das Leben am Hof des Pharao, den Bau der Pyramiden oder das Tal der Könige, aber auch darüber, wie die Ägypter zu jener Zeit gelebt, woran sie geglaubt und wovon sie sich ernährt haben.

Aus diesen Büchern erfährst du noch viel mehr über das alte Ägypten.

Ras Namensverzeichnis

Anubis: Gott mit dem Kopf eines Schakals, Führer durch das Jenseits. Vielleicht auch der Schrecken der Grabkammern.

Bastet: Eleganteste aller Göttinnen. Eine Katze, was auch sonst.

Bek: Begnadeter Bildhauer, der seine Arbeit liebt – und seinen Kater Sabu.

Buu: Erstaunlich sympathisch, dafür, dass er ein Hund ist.

Huya: Zimmermann mit breitem Grinsen, kräftigem Bizeps und wütender Gans. Außerdem der kleine Bruder des Hauptmanns der Wache.

Isesu: Kleine Schwester von Kenamon. Weiß, was sie will.

Kenamon: Scharfsinniges Genie von einem Jungen; Porträtmaler. Talentierter Katzenträger.

Khepri: Mein Freund, ein Skarabäuskäfer. Mit großer Leidenschaft für Kriminalfälle und Dung.

Menwi: Prachtschwein und Lieblingshaustier des Schreibers. Sehr wichtig: ihr Schönheitsschlaf.

Miu: Freundin und Große Mitdetektivin. Mit einer Schwäche für arme Schweine jeder Art, auch wenn sie selbst eine Katze ist.

Neferhotep: Goldschmied im Glück, mit zuckenden Fingern und jeder Menge Ringe.

Nefru: Neferhoteps Kätzchen. Was hat sie gesehen – und wie viel weiß sie?

Pamiu: Geliebter Kater und Begleiter des früheren Pharaos Setnakht. Trat die Reise ins Jenseits im schicken Goldsarkophag an.

Pentu: Kenamons Vater. Aufrührer, Grabmaler und besorgter Papa.

Sabu: Cousin von Miu und Chef der Katzenbevölkerung von Set Ma'at. Eindeutig *kein* Großer Detektiv.

Set Ma'at: »Ort der Wahrheit« – das Dorf, in dem die Grabarbeiter leben. (Wenn ihr mich fragt, »Ort des Staubes« wäre der treffendere Name gewesen.)

Setnakht: Einer der Vorfahren Pharaos. Berühmter Begleiter von Pamiu. Besitzer eines prachtvollen Grabes.

Theben: Vornehme Stadt mit elegantem Palast. Hat einige der besten Katzenpfleger des Königreichs zu bieten.

Thutmosis II: Pharaos entfernter Urahn, dessen Leben im Jenseits in Rauch aufging.

Hinweis: Niemand weiß, wie die uralten Hieroglyphen ausgesprochen wurden, nicht einmal Ägyptologen! Deswegen gibt es unterschiedliche Arten, die Namen auszusprechen.

Amy Butler Greenfield studierte Geschichte am Williams College, an der University of Wisconsin-Madison und in Oxford, als sie der Versuchung nachgab und Schriftstellerin wurde. Seitdem schreibt sie für Kinder, Jugendliche und Erwachsene und wurde mehrfach für ihre Bücher ausgezeichnet. Amy Greenfield lebt heute mit ihrer Familie am Rande der Cotswolds in England.

Felicitas Horstschäfer studierte im Fachbereich Design der FH Münster und arbeitet seit ihrem Diplom als freischaffende Designerin im Bereich Cover, Illustration und Buchkonzept für Verlage im In- und Ausland. Für ihre Arbeiten wurde sie mehrfach ausgezeichnet. Im Moment lebt Felicitas Horstschäfer in Berlin, weil da alles so schön bunt ist. Wenn sie keine Bücher macht, schaut sie dem Specht und dem Igel im Garten zu.

Leseprobe zu Band 3

KÖNIGSSÖHNE IN GEFAHR

Erscheint im Herbst 2022

1 Eine Fahrt auf dem Nil

Ich bin Ra, Pharaos Kater, Herr der Kraftvollen Pfote. Ra der Mächtige. Jeder weiß, dass ich etwas Besonderes bin. Deshalb bringt man mir auch Opfergaben. Mit Opfergaben meine ich Speisen – und zwar die feinsten, die in Ägypten zu haben sind.

»Ich kann jetzt nicht länger warten.« Mit diesen Worten betrat ich die königliche Barke, die vor dem Palast des Pharao vor Anker lag, bereit, mich und den Pharao nilabwärts zu tragen. »Ich habe gehört, sie haben einen Ochsenschwanz geschmort. Extra für mich.«

»Einen Ochsenschwanz? Im Ernst?«, sagte eine winzige Stimme zwischen meinen Ohren. Sie gehörte zu meinem besten Freund Khepri. Er ist ein Skarabäuskäfer, und diese Stelle da oben ist sein Lieblingsplatz. »Ich verstehe einfach nicht, wie du das Zeug runterkriegst. Da finde ich Dungbällchen doch entschieden leckerer.«

Ich seufzte. Wie die allermeisten Skarabäuskäfer mag Khepri Dung für sein Leben gern. (Ekelhaft, ich weiß. Und glaub nicht, ich hätte es ihm nie gesagt.) »Behalt deine Begeisterung für dich, Kumpel.«

»Hoffentlich haben sie ein bisschen Ochsendung für mich«, murmelte er. »Obwohl – ich würde auch welchen vom Pferd nehmen.«

»Khepri, bitte!« Ich streckte mich an einer sonnigen Stelle an Deck aus. »Du verdirbst mir den Appetit.«

»Geht das überhaupt?«, fragte eine sanfte Stimme. Ich wandte den Kopf zur Seite und sah meine Freundin Miu, die Küchenkatze, die gerade aus dem Quartier des Kochs schlüpfte.

»Haben sie meinen Ochsenschwanz schon an Bord gebracht, Miu?«, fragte ich.

»Und gibt es vielleicht auch ein bisschen Ochsendung?«, piepste Khepri.

»Keine Ahnung«, antwortete Miu munter. Gerade stapften mehrere Matrosen dicht an uns vorbei. »Aber irgendwas ist im Gange, ihr zwei. Eine Planänderung. Ich hab gehört, wie der Koch vor sich hin geschimpft hat, aber viel gesagt hat er nicht. Wir sollten uns mal dahinterklemmen und rausfinden, was eigentlich los ist.«

»Hast du das gehört, Ra?« Khepri hüpfte hinunter auf das hochglanzpolierte Deck. »Es gibt ein Rätsel zu lösen.«

»Schick es weg«, sagte ich und rollte mich auf die Seite, wobei ich knapp weiteren Matrosen entkam. »Ich meine, ich weiß ja, dass wir Große Detektive sind …«

»Die größten«, warf Khepri bescheiden ein.

»… aber wir haben bereits zwei rätselhafte Kriminalfälle gelöst. Ich würde meinen, das reicht fürs Leben.« Ich schloss die Augen, weil die Sonne mich blendete. »Außerdem haben wir eine Vergnügungstour vor uns. An den nächsten Tagen dreht sich alles nur ums Schmausen und Schlafen.«

»Da sei dir mal nicht so sicher«, sagte Miu. »Ich hab Kija gesehen, sie ist auf dem Weg hierher.«

»Was?!« Vor Schreck drehte ich mich auf den Bauch. »Pharao hat doch gesagt, sie fährt mit dem zweiten Schiff …«

»Ich glaube, sie will dich besuchen, bevor es losgeht.«

»Ich bin weg!«, kreischte ich und sprang auf, erstarrte

aber sofort wieder. Gerade kam Kija an Bord, mit lauter Tüchern in der Hand.

»Mach dich nicht lächerlich, Ra«, schimpfte Miu. »Sie ist Pharaos Tochter. Ein Teil deiner Familie. Außerdem ist sie erst sechs. Warum solltest du solche Angst vor ihr haben?«

»Das verstehst du nicht, Miu«, jaulte ich verzweifelt. »Sie will mich *verkleiden*!«

Da! Schon hatte Kija beide Arme um meinen Bauch gelegt und mich hochgehoben.

»Hallo, Ra-Mausi!«

Mausi! Von allen dümmlichen, albernen Namen …

»Ra der Mächtige, so lautet mein Name«, maunzte ich. »Herr der Kraftvollen Pfote.«

Doch Kija verstand mich nicht. Was mich auch nicht überraschte. Menschen verstehen uns nie, nicht einmal die kleinen.

»Komm her, Ra-Mausi.« Sie zerrte mich in den Schatten vor der Hütte aus Schilfmatten, die man an Deck für den Pharao gebaut hatte zum Schutz vor der gnadenlosen Sonne. »Ich hab *sooo* schöne neue Kleider für dich.«

Für den Fall, dass du auch so bist wie Kija und komische Vorstellungen von Katzen hast, sollte ich an dieser

Stelle vielleicht etwas klarstellen: Katzen tragen keine Kleider.

Na gut, ein bisschen Schmuck vielleicht. Manchmal. Ich gebe ja zu, ich hänge sehr an dem goldenen Halsband mit klingenden Kügelchen, das Pharao mir einmal geschenkt hat, als ich noch ein Kätzchen war. Aber Kleider?

Niemals.

Ausgeschlossen.

Aber mach das mal Kija klar. »Ra-Mausi, wie wär's, wenn wir dir zuerst ein Kopftuch umbinden?«

Ein Kopftuch?

Kija kicherte. »Du wirst so süß aussehen, mit den Ohren unterm Kopftuch!«

»Habt ihr das gehört?«, jaulte ich Khepri und Miu zu. »Schafft mich hier raus!«

Ich wand mich hin und her und hieb mit den Krallen nach dem Tuch.

»Ra, sei vorsichtig!«, warnte mich Miu. »Du willst ihr doch nicht wehtun. Vergiss nicht, du stammst von Bastet ab, und hast geschworen, Kinder zu beschützen. Vor allem die Kinder deiner eigenen Familie.«

Mit ihrem eingerissenen Ohr und dem matten Pelz sieht Miu ziemlich verwegen aus, aber ein weicheres